화해와 공존을 위한 첫걸음

마주 보는 한일사 Ⅰ

선사시대~고려시대

Contents

2부 동아시아 변동의 시대

1부
아주 오래된 이웃

한국연표	중국연표	일본연표

- 기원전 70만 년경 | 구석기 문화 시작
- 기원전 8000년경 | 신석기 문화 시작
- 기원전 1000년경 | 청동기 문화 시작
- 기원전 700년 | 춘추전국시대 시작
- 기원전 300년경 | 철기 문화 시작
- 기원전 221년 | 진, 춘추전국시대 통일
- 기원전 202년 | 한 건국
- 기원전 194년 | 위만 조선 성립
- 기원전 108년 | 고조선 멸망, 한사군 설치
- 기원전 57년 | 신라 건국(『삼국사기』)
- 기원전 37년 | 고구려 건국(『삼국사기』)
- 기원전 18년 | 백제 건국(『삼국사기』)
- 57년 | 왜의 노국 왕, 후한에 사신 파견
- 105년 | 고구려, 요동군과 현도군 공격
- 220년 | 후한 멸망, 삼국시대 시작
- 239년 | 야마타이 국의 히미코, 위에 사신 파견
- 313년 | 고구려, 낙랑군 멸망시킴
- 433년 | 백제와 신라 동맹 성립
- 478년 | 왜왕 무(武), 중국 남조에 사신 파견
- 552년 | 백제, 일본에 불교 전파
- 589년 | 수, 남북조 혼란기 통일
- 607년 | 견수사 파견
- 618년 | 당 건국
- 645년 | 다이카 개신
- 676년 | 신라, 삼국 통일
- 698년 | 발해 건국
- 710년 | 나라(헤이세이쿄)로 천도
- 752년 | 나라 대불 완성
- 794년 | 교토(헤이안쿄)로 천도
- 894년 | 견당사 파견 중지
- 907년 | 당 멸망
- 918년 | 왕건, 고려 건국
- 926년 | 발해 멸망
- 935년 | 신라 멸망
- 936년 | 고려, 후삼국 통일

한반도에서 일본열도까지 걸어서 건너갈 수 있을까? 먼 옛날 북반구가 빙하로 덮여 있을 때에는 가능했다. 1만여 년 전부터 해수면이 현재와 같아졌다. 농사를 짓고, 움집을 세워 정착했다. 한반도에서는 기원전 10세기경부터, 일본열도에서는 기원전 3세기경 청동기 문화가 발전하기 시작하였다.

황하 유역에 세워진 중국 왕조는 점차 그 영역을 확대해갔다. 춘추전국시대의 혼란을 통일한 진은 중국이라는 국가의 틀을 만들었다. 한대에 유교가 중국의 지배 사상이 되었고, 주변국에 대한 간접통치체제인 책봉 조공 체제도 정비했다.

중국은 3세기에 다시 분열되었다. 크게 한족인 남조와 북방민족인 북조로 나뉘었다. 이 시기 중국의 문화는 북방민족의 문화를 받아들여 한층 다양하게 발전했다. 중국을 재통일한 수는 진한 제국의 중앙집권적 지배체제와 남북조시대에 등장한 새로운 지배 원리인 율령체제를 수용했다. 수대에 시작한 관료선발제도인 과거제, 토지제도인 균전제 등은 모두 당대에서 이어받은 제도적 기반이었다. 당은 수의 정치체제를 이어받아 대외정책에서는 적극적인 책봉 조공 체제를 중심으로 한 동아시아 문화권을 수립했다.

한반도에서는 철기 문화를 바탕으로 부족이 연맹한 수준의 작은 국가들이 중앙집권의 고대국가로 성장해 나갔다. 3세기경에는 막강한 왕권을 가진 3개의 고대국가로 성장하였다. 고구려, 백제, 신라는 중국으로부터 불교와 율령을 받아들여 고대국가의 틀을 짤 수 있었다. 삼국은 한반도의 패권을 차지하기 위해 치열한 경쟁을 벌였다.

고구려는 주로 북조와, 백제는 주로 남조 및 일본과 교류하면서 국력을 키워 나갔다. 중국을 통일한 수와 당은 연이어 고구려를 침공했으나 고구려의 반격으로 실패했다. 그러나 7세기 중반에 신라가 당과 연합하여 결국 고구려와 백제를 멸망시키고 삼국을 통일하였다. 신라는 곧이어 당나라 군대를 물리치고 한반도에 통일 왕국을 세웠다. 고구려·백제 지배층 중 일부는 일본으로 건너갔고, 고구려의 지배층은 만주 지방에서 발해를 건설했다.

일본열도에서는 4세기경부터 흩어져 있던 정치 집단이 강력한 지배자 아래 통합되고 있었다. 이들 중에서 야마토 지방의 호족들이 중심이 되어 세운 국가가 야마토 정권이다. 오사카 주변에는 거대한 무덤들이 흩어져 있는데, 이 무덤들은 야마토 정권 지배층의 무덤으로 추정된다. 무덤을 만드는 데 수십만 명이 동원되었을 것으로 보아 야마토 정권 중앙집권의 수준을 짐작할 수 있다. 야마토 정권은 6세기에 백제로부터 불교를 받아들여 중앙집권을 강화해 나갔다. 이시기 중국과 한반도, 그리고 일본의 무덤과 불상들은 상당히 닮았는데 서로 영향을 주고받았음을 알 수 있다.

　　　　7세기 중반 야마토 정권은 당의 율령체제를 과감하게 수용하는 개혁을 추진했다. 그들은 천황의 지위를 높이고 중앙집권적 율령 제도를 제정하여 나라 지역에 수도를 건설했다. 야마토 정권은 당· 신라· 발해와 교류하여 불교를 비롯한 선진 문화를 적극적으로 받아들였다.

　　　　발해, 신라, 일본의 수도 구조는 당나라 장안의 구조와 매우 닮았다. 이것으로 보아 7세기 이후 9세기까지, 동아시아 국제 관계는 당나라를 중심으로 전개되었음을 알 수 있다. 그런 가운데 세 나라는 상호 교류하면서 경쟁하였다.

걸어서 일본열도까지

석기시대 한반도와 일본열도 사람들은 어떻게 살았을까? 무엇으로 도구를 만들어 사용하였을까?
서로 왔다 갔다 하였을까? 선사시대 사람들은 자신을 '한국인', '일본인'이라고 생각하였을까?

한반도와 일본열도는 없었다

아주 먼 옛날 사람들은 걸어서 대한해협을 건넜다. 아니, 대한해협이 없
었다. 빙하가 지구를 덮었을 때 한반도와 일본열도는 없었다. 자료 1처
럼 한반도와 일본은 넓은 대륙의 일부였다. 서해는 없었고 동해(일본해)
는 거대한 호수였다. 물론 늘 그랬던 것은 아니다. 날씨가 따뜻해져서 빙
하가 녹으면 서해가 생기고 동해는 태평양으로 이어졌다. 지금과 조금
다른 모습이기는 했지만 한국은 반도로 바뀌었고 일본은 섬으로 변했다.
그리고 날씨가 다시 추워지면 두 나라는 육지로 이어졌다.

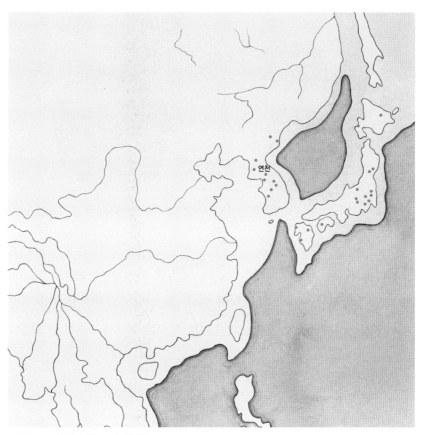

● 자료 1. 빙하기의 한반도와 일본열도(● 은 구석기시대 유적지)

구석기시대 사람들은 어떻게 살았을까?

한국의 수도 서울에서 북쪽으로 약 50킬로미터 정도 올라가면 연천군
전곡리가 있다. 30여 년 전, 강물이 U자 모양으로 감싸고 돌아 나가는
이곳의 야트막한 언덕에서 전 세계를 깜짝 놀라게 만든 유물이 발굴되었

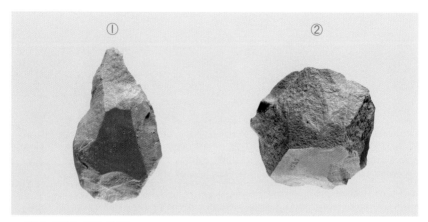

● 자료 2. 주먹도끼①와 찍개②

다. 자료 2의 ①과 같은 주먹도끼였다. 평범해 보이는 이 주먹도끼로 세계 고고학의 역사는 새로 쓰여져야 했다. 그 전까지는 주먹도끼가 유럽과 아프리카에서만 만들어지고, 동아시아에서는 찍개_{자료 2-②}만 만들었다고 알려졌기 때문이다.

주먹도끼는 언뜻 보면 흔한 보통 돌멩이같이 보이지만, 만드는 일은 쉽지 않았다. 단단한 돌을 구해서 적절한 힘으로 내려쳐야 원하는 모양으로 만들 수 있었다. 약 30~35만 년 전 전곡리에 살던 사람들은 이 주먹도끼로 사냥을 하기도 하고 나무를 다듬기도 하였다. 그야말로 한 손에 쥐고 여러 용도로 사용할 수 있는 최첨단 도구였던 것이다. 이렇게 돌을 떼어내 만든 도구를 '뗀석기'라고 부른다.

뗀석기는 전곡리 사람들만 사용한 것이 아니다. 한반도와 일본열도 곳곳에 흩어져 살던 사람들 역시 뗀석기를 만들어 사용하였다. 여기서 눈길을 끄는 것은 두 나라에서 발견되는 뗀석기가 서로 닮았다는 점이다. 자료 3은 구석기시대 후기에 사용한 슴베찌르개이다. 이것을 자루에 박

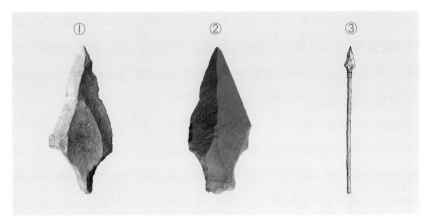

● 자료 3. 한국 단양①과 일본 가고시마 현②에서 출토된 슴베찌르개. ③은 슴베찌르개 복원도.

거나 자루 끝에 홈을 파서 끼운 뒤 끈으로 꽉 묶었다. 그 위에 송진과 같은 진액을 발라 고정시켜 동물을 잡는 데 사용하였다. 두 유물은 너무나 비슷하게 생겨 한 사람이 만든 것 같지만 출토 지역이 다르다. ①은 한반도 중부 지역인 단양 수양개 유적에서 나왔고, ②는 일본 규슈 가고시마 현 마에야마 유적에서 나왔다. 만약 아무런 표시를 하지 않고 뒤섞어 놓는다면 전문가라 해도 구분하기 힘들 것이다. 돌을 깨서 만들다 보면 비슷한 모양이 나올 수도 있다. 하지만 이 두 유물은 우연이라고 하기에는 지나치게 닮았다.

　여러분이 좋아하는 과자를 생각해 보자. 지방마다 회사마다 나름대로 특색이 있기 마련이다. 만약 두 과자의 모양이 비슷하다면 이유는 두 가지이다. 누군가가 원본을 본떠서 만들었거나 지점을 차려 만들었거나. 지점을 차린 경우는 기술자가 파견되거나 본점에서 기성품을 공급하니까 과자가 똑같을 수밖에 없다. 그리고 무언가를 본뜬다는 것은 원본을 제대로 알지 못하면 불가능한 일이다.

슴베찌르개가 닮은 이유는 두 가지 경우 가운데 어느 쪽일까? 어느
쪽이라고 해도 두 지역이 서로 교류하고 있었음이 틀림없다. 앞에서 살
펴본 것처럼 한반도와 일본열도가 육지로 이어져 있었다면, 그 가능성
은 더욱 높아진다.

신석기시대 사람들은 어떻게 살았을까?

한반도와 일본열도가 지금처럼 바다를 사이에 두고 떨어진 것은 언제쯤
일까? 지금부터 약 1만 4000여 년 전 지구에 마지막 추위가 찾아왔다가
약 1만 년 전쯤부터 기후가 다시 따뜻해졌다. 이때부터 한반도는 현재와
같은 꼴을 갖추고 사계절이 뚜렷한 온대성 기후를 보이게 되었다. 기후
변화로 침엽수림은 점차 줄어들고 남쪽부터 낙엽활엽수림이 확대되었
다. 추운 기후에 살던 동물들은 북쪽으로 사라지고, 사슴이나 멧돼지처
럼 몸집이 작고 빠른 동물들이 그 자리를 차지하였다. 일본열도에도 한
반도와 비슷한 변화가 찾아왔다. 기후가 따뜻해지면서 너도밤나무나 졸
참나무와 같은 온대 낙엽수림이 확대되고, 만(灣)과 내해(內海), 개펄 등
이 나타났다. 자연환경이 바뀌자 생활 도구도, 살아가는 모습도 달라졌
다. 사람들은 뗀석기 대신 돌을 갈아서 만든 간석기를 사용하였다. 우리
는 이 시기를 신석기시대라고 부른다. 신석기시대로 들어서면서 사람들
이 늘어났고 이들은 한 곳에 오랫동안 머물며 살았다.
  자료 4에 표시된 암사동과 가나가와 현 및 나가노 현 유물을 통해 이들
이 어떻게 살았는지 알아보자. 자료 5는 서울 암사동에서 발견된 유적이

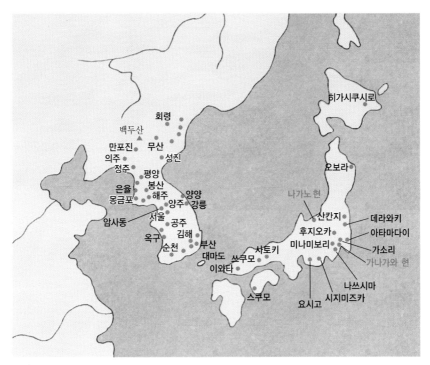

● 자료 4. 신석기시대 유적지의 위치

다. 약 6000년 전 유적으로 여겨지는 이곳에서는 지금까지 움집터 약 26
기와 수많은 간석기와 토기 들이 출토되었다. 이곳 사람들은 움집을 만
들어 살았다. 땅을 둥글게 1미터 정도 파내고 바닥은 단단하게 다졌다.
남쪽으로 출입구를 만들고, 가장자리를 빙 둘러 기둥을 박기 위한 구멍
을 팠다. 여기에 나무를 끼워 넣어 비스듬히 걸치고 갈대로 덮었다._{자료 6}
이런 튼튼한 집을 만들기 위해 사람들은 돌도끼나 홈자귀와 같은 많은
도구를 만들었다._{자료 7}

　이 집에 사는 사람들은 앞에 흐르는 한강에서 고기를 잡았다. 접합
식 낚시와 작살, 그물로 이전보다 더 많은 물고기를 잡을 수 있었다.

● 자료 5. 암사동 움집터 유적 복원도

● 자료 6. 암사동 움집 복원도

● 자료 7. 돌도끼①, 뿔괭이②, 돌보습③, 홈자귀④

● 자료 8. 돌보습 사용 상상도

● 자료 9. 갈돌과 갈판

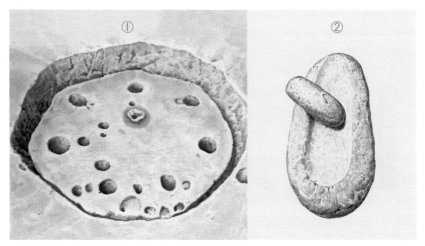

● 자료 10. 가나가와 현의 움집터①와 나가노 현의 갈돌·갈판②

주변에 펼쳐진 산림에서는 짐승을 잡고 과일과 열매를 따서 먹었다. 새로 발명한 활과 화살 덕분에 가까이 다가가지 않고도 날랜 짐승을 잡을 수 있었다. 도토리 같은 딱딱한 열매는 갈돌과 갈판을 써서 갈아 먹었다.자료 9

자료 10은 일본 가나가와 현에서 발견된 움집터와 나가노 현에서 발견된 갈돌과 갈판이다. 암사동 것자료 5과 똑같지는 않지만 크게 달라 보이지 않는다. 아마 생활 모습도 비슷하였을 것이다.

원시적이지만 이들은 농사를 지었다. 돌보습과 같은 도구들과 황해도 봉산이나 부산 동삼동에서 출토된 5000년 이상 된 곡식 낟알은 이런 추측을 뒷받침해 준다. 신석기인들이 처음 재배한 곡식은 조와 피와 기장이었다. 화전농법으로 시작한 원시적인 농경은, 처음에는 고기잡이나 사냥에 비해 보조적인 식량 확보 수단이었다. 그러다가 시간이 흐를수록 농경이 차지하는 비중은 높아갔고 그만큼 정착 생활도 안정되어 갔다.

토기와 흑요석이 말하고 있는 것은?

신석기시대 한반도와 일본에서 살던 사람들은 각 지역마다 다양하고 특색 있는 토기를 만들어 사용하였다. 그런데 바다로 떨어져 있는 한반도와 일본열도, 이 두 지역에서 만든 토기 가운데 닮은 것이 있다. 마치 쌍둥이처럼 닮은 덧무늬토기와 도도로키식 토기가 그것이다. 이들보다 조금 늦게 만들어진 빗살무늬토기와 소바타식 토기도 세트처럼 보인다. 자료 11

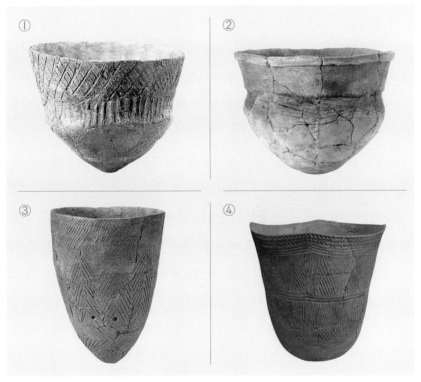

● 자료 11. 한국과 일본의 신석기시대 토기(①덧무늬토기, ②도도로키식 토기, ③빗살무늬토기, ④소바타식 토기)

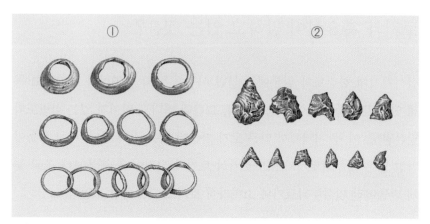

● 자료 12. 조개팔찌①와 흑요석으로 만든 도구들②(부산 동삼동 출토)

　더 놀라운 사실은 어떤 토기의 경우는 바다를 사이에 두고 상대 지역에서 발견되기도 한다는 점이다. 덧무늬토기는 한국 남해안의 해안·도서 지역과 일본 규슈 지역에서 집중적으로 출토되고 있다. 특히 쓰시마 고시다카 유적에서 출토된 토기는 90퍼센트가 한반도 계통의 덧무늬토기이다. 일본 나가사키 현에서는 도도로키식 토기와 함께 덧무늬토기가 나오기도 했다. 부산 동삼동 조개더미에서도 덧무늬토기와 함께 도도로키식 토기가 나왔다. 이 토기들은 우리에게 무엇을 이야기하는 것일까?

　토기만이 아니다. 부산 동삼동에서는 날카로운 도구를 만드는 데 사용된 흑요석이 여럿 출토되었다.자료 12 이 흑요석은 원산지가 모두 일본 규슈 지역으로 밝혀졌다. 그 가운데 60~80퍼센트는 일본 규슈 사가 현 고시타케 것이었다. 반면 쓰시마 사가 조개무지 무덤에서 출토된 조개팔찌는 부산 동삼동에서 나온 것과 같다. 이로 미루어 보면 두 지역 사람들은 쓰시마를 징검다리 삼아 서로 교류했던 것은 아닐까?

쪽배 타고 바다 건너기

1984년 일본 규슈 이키리키 유적에서 신석기시대의 배가 발견되었다.자료 13 최근 한반도 창녕 비봉리에서도 약 8000년 전 배가 깊은 뻘 속에서 발견되었다. 사람들은 통나무 속을 파내어 만든 이 배를 타고 바다에 나가 고기를 잡았다. 유물이 남아 있지 않지만 통나무나 대나무로 만든 뗏목을 이용했을 것으로 추정된다. 바다를 건널 때에도 주로 뗏목을 이용했던 것 같다.

● 자료 13. 통나무 배(丸木舟) 복원도

과연 이 배나 뗏목으로 바다를 건널 수 있었을까? 고대 해상로는 해류와 조류와 바람에 따라 그 방향과 목적지가 정해졌다. 자료 14에서 보는 것처럼 겨울에는 북서 계절풍을 받고 동해에서 남해 쪽으로 흐르는 북한해류를 타면 한반도에서 일본열도로 쉽게 갈 수 있다. 반대로 봄, 여름에 남동 계절풍을 타고 동한해류를 이용하면 일본열도에서 한반도로 쉽게 올 수 있다. 『삼국사기』에 왜인이 신라에 많이 출몰하는 시기가 3월과 4월이라고 기록된 것도 바로 이 때문이다.

지금도 쓰시마 섬 바닷가에는 부산이나 경상남도 통영, 거제도에서 버려진 과자 봉지가 쌓인다고 한다. 신석기시대 사람들도 해류와 바람을 이용하였다면 바다를 건너는 일이 생각만큼 어렵지는 않았을 것이나. 실

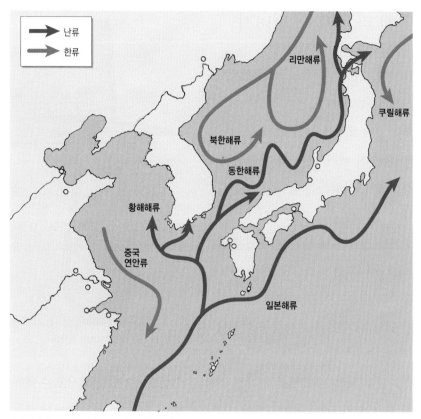

● 자료 14. 한반도와 일본열도 부근의 해류

제로 1983년 한국의 젊은이 3명이 뗏목을 타고 대한해협을 건넌 적이
있다.

　아주 오래 전, 돌로 도구를 만들어 쓰던 시절 한반도와 일본열도에 살
던 사람들은 서로 영향을 주고받으며 함께 발전해 나갔다. 두 지역 사람
들이 남긴 유물은 이런 사실을 잘 보여주고 있다.

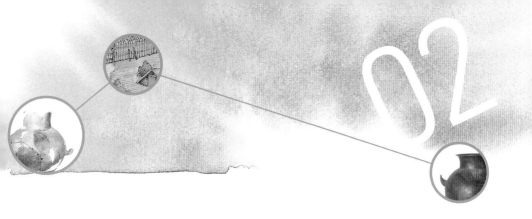

동아시아 사회를 변화시킨 벼농사

동아시아 지역에 살던 사람들은 언제, 어떻게 벼농사를 시작했을까? 그리고 벼농사가 시작되면서 사람들의 생활은 어떻게 변했을까?

쏙 빼닮은 모양의 민무늬토기와 야요이토기

자료 1과 2를 비교해 보자. 자료 1은 한반도 중부 지역에서, 자료 2는 일본열도 규슈 북부 지역에서 나온 토기이다. 두 토기는 색깔은 다르지만 쏙 빼닮았다. 전체 모양은 물론 항아리 옆에 달린 손잡이도 닮았다. 모두 1000도가 넘는 온도에서 구웠기 때문에 얇고 단단하다. 상당히 멀리 떨어져 있는 두 지역에서 각기 발견된 토기가 왜 이렇게 비슷할까?

지금부터 약 3000년경 전 한반도에 민무늬토기가 나타났다. 빗살무늬토기와 다른 민무늬토기가 만들어진 것은 새로운 시대가 열렸음을 뜻한다. 이 시대가 갖고 있는 특징은 청동기 사용, 벼농사 시작, 간석기 사용,

● 자료 1. 손잡이 달린 항아리(경기도 수석리 유적)　　● 자료 2. 손잡이 달린 항아리(일본 사가 현 쓰치우 유적)

고인돌 축조 등이다. 민무늬토기는 붉은 갈색을 띤 무른 토기이다. 화분
이나 항아리 모양을 하고 있고 무늬가 없는 것이 많다. 중국 동북 지방
에서 받은 영향도 있다고 한다.

　한반도 동남부에 있는 검단리 유적은 민무늬토기 시대 중기(기원전 5
세기~기원전 4세기 초 무렵)를 대표하는 유적이다.자료 3 이곳에서 붉은간
토기, 반달형 돌칼, 돌도끼, 돌화살 등이 나왔다. 1990년 조사에서는 집
터 93곳과 마을을 둘러싼 도랑이 발견되었다. 이런 도랑은 그때까지 일
본에만 있다고 알려진 것이었다. 그물추와 같은 어로 용구는 나오지 않
았고 반달형 돌칼이 나온 것으로 보아 이곳 사람들은 벼농사를 지었을
가능성이 높은 것으로 보인다.

　하루노쓰지 유적은 일본열도 규슈 서중부에 있다. 여기에서 검단리 유
적과 비슷한 모양을 한 반달형 돌칼이 나왔다. 이곳에서는 석기가 대량
으로 나왔다. 이로 미루어 볼 때, 이곳에서 돌칼을 만든 사람들은 석기를
전문으로 만드는 기술자로 추측된다.

검단리 유적과 요시노가리 유적

일본 규슈 사가 현 요시노가리 유적은 야요이 시대 유적 가운데 가장 규모가 크다.자료 4 이 유적을 검단리 유적자료 3과 비교해 보면 상당히 비슷하다.

검단리 유적은 넓은 평야 가까이에 있는 낮은 구릉 위에 있다. 주변 지형을 한눈에 볼 수 있어 적을 막기에 좋다. 이곳에서 나무 울타리를 만들었다고 생각되는 도랑 흔적이 약 300미터 발견되었다. 이 도랑 바로 안쪽에 지름 30센티미터 정도 되는 통나무를 2미터 간격으로 나란히 세워 나무 울타리를 만든 것으로 보인다. 통나무의 끝은 뾰족하게 깎았을 것이다.

나무 울타리를 만들기 전에 도랑 경사면을 L자형으로 팠다. 거기에 붉은 진흙을 70센티미터 정도 두껍게 발라서 굳힌다. 파낸 흙은 나무 울타리 안쪽에 덮어 단단히 밟아 다진 다음 나무 울타리와 주거 공간을 만들었다. 검단리 유적의 전체 면적은 약 6000평방미터쯤이다.

이 둥근 도랑은 외부의 공격으로부터 마을을 지키기 위해 만든 것이다. 마을 한가운데에 대형 주거지가 있는 것으로 보아 지배층이 출현했음도 알 수 있다.

요시노가리 유적을 보자. 1986년에 발견된 이 유적은 하천 옆에 있는 완만한 구릉 위에 있다. 구릉 밑에 있는 습지와 작은 하천을 이용해서 논농사를 지은 것으로 보인다. 남북 1킬로미터, 동서 450미터에 이르는 이 둥근 도랑은 구릉을 빙 둘러싸고 있다. 안쪽에도 도랑을 만들었다. 도랑 깊이는 3미터이고 폭은 6미터 이상이다. 기원전 3세기 무렵 남쪽 지

● 자료 3. 검단리 유적 복원도

● 자료 4. 요시노가리 유적 복원도

역에 주거 지역을 만들었고, 기원전 2세기 무렵에 바깥 도랑을 만든 것으로 보인다.

전성기인 3세기 무렵에는 움집 350채에 2층 창고는 60여 채가 있었다. 무덤도 만들었다. 요시노가리 유적은 검단리 유적보다 300년에서 900년 정도 뒤에 만들어졌다. 이 때문에 두 유적에는 많은 차이가 있다. 요시노가리 유적의 지배자들은 흙무덤을 만들었으며, 유적 면적도 검단리 유적의 70배나 된다. 그러나 수로나 도랑을 만들고 족장이 지배하는 마을이 이루어진 점은 비슷하다. 그렇다면 앞에 나온 두 토기가 닮은 것은 우연이 아니라 이런 역사적 배경에서 생긴 것으로 보인다.

쌀이 전래된 길

이들 두 유적에서는 주로 벼농사를 지었다. 벼농사는 이들 지역에 어떻게 전해졌을까? 자료 5를 보고 생각해 보자.

세계에서 벼농사가 제일 먼저 시작된 곳은 중국 양자강 중하류 유역이었다. 양자강 하류에 있는 하모도(河姆渡) 유적은 거의 7000년 전 유적으로 널리 알려져 있다. 벼농사는 5000년 전 무렵 이곳을 중심으로 삽시간에 주변 지역으로 퍼졌다. 산동반도에서 4500년 가량 된 탄화된 볍씨가 발견되고 있고, 맞은편 요동반도 끝에서는 3600년이 넘는 탄화된 볍씨가 나온다. 바로 이곳에서 한반도와 일본열도로 벼농사가 전해졌다고 한다.

이 볍씨는 어떤 종류일까? 볍씨는 크게 나누어 쌀알이 작고 둥근 단립

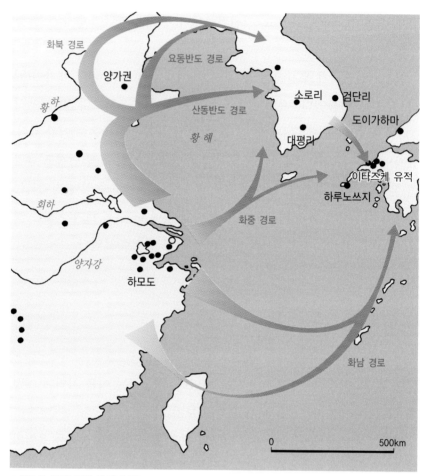

화북 경로
요동반도 경로
양가권
소로리 • 검단리
황하
도이가하마
산동반도 경로
황 해
대평리
이타즈케 유적
하루노쓰지
회하
화중 경로
양자강
하모도
화남 경로

0   500km

● 자료 5. 동아시아의 쌀 전래 경로(●은 쌀 유적지)

미와 쌀알이 굵고 부스러지기 쉬운 장립미, 이렇게 두 종류가 있다. 양자
강 유역에서 발견된 볍씨는 DNA를 조사한 결과 모두 단립미였다.

한편 일본열도의 논 벼농사는 한반도에서 전해졌다고 한다. 몇몇 벼농
사 유적지에서는 모내기를 했다고 볼 수 있는 증거도 발견되었다.

그렇다면 벼농사는 한반도에 어떻게 전해졌을까? 여기에는 두 가지

주장이 있다. 하나는 산동반도와 요동반도에서 한반도 서북 지방으로 전해졌다는 주장이다. 다른 하나는 양자강 하구에서 황해를 거쳐 직접 한반도 중서부에 전해졌다는 주장이다.

그런데 한반도에 있는 유적에서 나오는 볍씨는 대개 논에서 재배한 것이기 때문에 산동반도와 요동반도에서 한반도 서북 지방으로 전해졌다는 주장을 지지하는 학자들이 많다. 그러나 최근 경상남도 대평리 유적에서 밭 벼농사를 하였음이 밝혀졌다. 게다가 충청북도 소로리 유적 등 일부 유적에서는 장립미와 장립미인지 단립미인지 구분할 수 없는 볍씨가 나왔다. 이로 보아 한국의 벼농사는 논 벼농사였다고 단정지을 수 없다는 주장도 나오고 있다. 따라서 양자강 하류 유역에서 직접 한반도로 단립미가 들어왔다고 추정되는 길은 다시 한 번 검토해 보아야 할 것이다.

사람들의 생활을 바꾸어 놓은 벼농사

자료 6을 보고 무엇을 알 수 있을까?

왼쪽에 있는 어린이는 화덕에서 구운 생선을 먹고 있다. 모시조개도 삶아서 먹었을 것이다. 어머니는 밥이 담긴 굽다리 그릇을 손에 들고 있다. 어쩌면 제단에 공양할 밥인지도 모른다.

이 자료는 오사카 부 죠야마에 있는 집터 유적을 복원한 것이다. 냄비를 비롯한 식기나 조리 기구는 대부분 주거지 북쪽에서 발견되었다. 이로 미루어 보아 이것들을 보관하는 장소가 정해져 있었고, 전 시대에 비해 다양한 식기와 조리 기구를 사용했던 것 같다.

● 자료 6. 야요이 시대의 주거 모습과 식사 풍경 복원 모형

젓가락은 아직 사용하지 않았다. 중국 역사서인 『삼국지』「위지 · 왜인전」에 따르면, 야마타이국 사람들은 음식을 먹을 때 젓가락은 사용하지 않고 손으로 집어 먹었다는 기록이 있다.

벼농사로 변화하는 사회

벼농사와 함께 부가 축적됨에 따라 전쟁이 시작되었다. 그 사실은 화살촉의 무게로 짐작할 수 있는데, 그때까지 2그램 정도밖에 되지 않았던 화살촉이 갑자기 10그램이 넘기 시작했다. 아마도 전쟁 때 적을 확실하게 죽이기 위해 무게를 늘린 것으로 보인다.

이 시대 마을 주변에는 두세 겹으로 둘러싼 나무 울타리 유적이 많이

● 자료 7. 전투를 대비해 만든 도랑과 울타리 복원 모형(요시노가리 유적)

발견되었다._{자료 7} 부가 축적되고, 주변 마을과 전쟁을 하게 되면서 마을을 지켜야 했기 때문이다.

이처럼 벼농사가 시작되면서 점차 사회가 변해 갔다. 벼농사는 기본적으로 많은 사람들이 협동해야 하는 작업이었다. 모내기, 김매기, 벼베기 등은 공동 작업을 해야 했다. 그렇게 해야 가을에 수확이 컸다. 논을 개간하고 유지하기 위해서도 마을 사람들의 단결은 반드시 필요했다.

벼농사가 갖고 있는 이런 특징 때문에 동아시아 지역 마을은 크게 바뀌었다. 지도자가 마을 사람들에게 언제 어떤 노동을 하라고 지시를 하면서 마을을 통합해 갔다. 지도자들은 다른 마을과 전투를 할 때에도 적절한 지시를 내렸다. 전투에서 지면 가을에 걷은 수확물을 전부 적에게 빼앗겼을 뿐 아니라, 마을 사람들은 죽음을 당하거나 노예가 되어 평생을 비참하게 살아야 했다.

전투에서 이긴 마을은 주변 마을을 지배하면서 많은 재물을 축적했지만, 재물은 몽땅 마을 지도자가 독점했고, 마을 사람들도 그것을 당연하게 생각했다.

이런 과정을 거치면서 한 마을에서 재물을 축적하고 풍요로운 생활을 하는 사람과 그 사람의 지시를 받아 일하는 사람이 생겨나기 시작했다. 계급이 발생한 것이다. 그러나 그 계급은 언제든지 바뀔 수 있는 불안정한 것이었다. 달력이 없었던 시대에 지도자는 자신의 경험과 감각에 의존해 농사일을 비롯해 그 밖의 많은 일을 지시해야 했다. 마을 사람들은 그의 지시를 따랐다. 그 결과의 좋고 나쁨에 따라 그는 지도자로서 존경을 받기도 하고 지도자의 자격을 의심받기도 했다. 그의 지시 하나로 온 마을 사람들의 생존이 결정되었으므로, 결과의 성공 여부는 중요한 판단 근거였다.

주변 마을과 전투를 할 때도 그 전투에서 이기면 지도자의 지위는 유지되지만, 지면 노예가 되었다. 어쩌면 지도자는 전투에서 지는 순간 바로 죽음을 맞았을지도 모른다.

벼농사로 부가 축적되고 계급이 발생함에 따라 마을도 점점 커졌다. 지도자들은 수장층으로서의 지위를 확실하게 하기 위해 더 큰 권위를 갖고 있음을 보여주고 싶어 했다. 그 권위를 보여줄 수 있는 것이 바로 청동기이고, 철기였다. 한반도에는 청동기가 먼저 들어오고 나중에 철기가 들어오지만, 일본열도에는 청동기와 철기가 같이 들어왔기 때문에 청동기시대와 철기시대의 구분이 없다. 청동기나 철기를 가진 자들과 못 가진 자들은 분명히 구분되었다.

화살촉이 박힌 인골

● 자료 8. 야요이 시대의 영웅 인골. 야마구치 현 도이가하마 유적 124호.

자료 8은 화살촉이 16개나 박힌 남자 유골이다. 그는 어떤 사람이었을까?

이 유골은 야마구치 현 도이가하마 유적에서 나왔다. 묻힌 뒤 머리가 부서져 없다. 가슴에서 허리까지 돌이나 상어 뼈로 만든 화살촉 16개가 박혀 있다. 하지만 화살에 맞아죽은 것은 아니다. 오른팔에는 고호우라라는 조개로 만든 멋진 팔찌를 두 개나 차고 있다. 고호우라는 아마미 제도 남쪽 섬에서만 잡힌다. 이것을 몇 개씩이나 팔에 차고 있는 것으로 보아 마을 지도자나 주술사로 보인다.

당시 마을 사람들은 그가 다시 살아날까봐 두려워 영혼이 잠들어 있다고 생각되는 머리를 부수고, 몸에는 화살촉을 박아 놓았다. 새 주술사(또는 지도자)를 뽑았으므로 두 명이 있을 필요가 없었던 것이다.

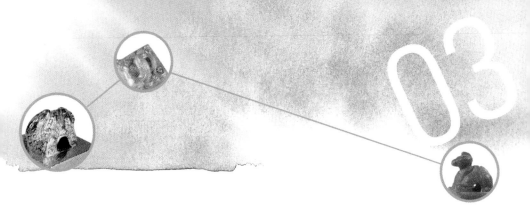

중국의 역사서로 보는 동아시아

기원을 전후한 시기 동아시아 지역에서는 중국 주변의 다양한 민족들이 나라를 만들었다. 그 나라들은 중국의 문화를 받아들여 지배자의 입지를 강화하고, 각각의 문화를 발전시켰다. 한반도와 일본열도의 나라들은 어떤 환경에서 독자적인 국가를 형성해 갔을까?

일본열도에서 발견된 금도장

일본열도에 사는 사람들에 대한 중국의 첫 기록은 서기 82년경에 편찬된 『한서』 「지리지」에 실려 있다.

> 낙랑군 바다 멀리 왜인이 살고 있다. 100여 개의 나라가 있는데, 매년 낙랑군에 사신을 보내 공물을 바친다고 한다.

낙랑군은 기원전 108년 한 무제가 위만조선을 멸망시키고 설치한 한사군의 하나로 그 관청은 평양에 있었다. 낙랑군이 설치되고 난 뒤 한반도와 일본열도의 소식이 곧바로 중국의 수도로 전해졌다.

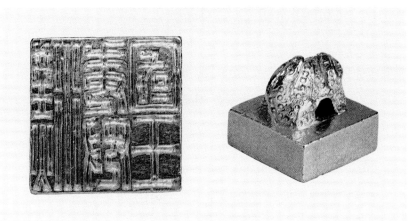

● 자료 1. '한왜노국왕(漢倭奴國王)'이라는 글자가 새겨진 금도장(후쿠오카 현 시카노시마)

『후한서』「동이전」에는 후한의 광무제가 서기 57년에 왜 노국의 국왕에게 인수(끈으로 장식한 도장)를 수여했다는 다음과 같은 기사가 나온다.

> 57년에 왜의 노국이 공물을 가지고 와서 축사를 했다. 사신은 자기 스스로 대부(大夫)라 했다. 노국은 왜국의 남쪽에 있다. 광무제는 인수를 주었다.

지금부터 200여 년 전에 일본 후쿠오카 현 시카노시마에 있는 밭에서 금도장이 발견되었다. 이 금도장에는 '한왜노국왕(漢倭奴國王)'이라는 글자가 새겨져 있다. 도장의 한쪽 변은 2.3센티미터(한나라의 단위 1촌에 해당)이고 무게는 109그램이다. 자료 1

시카노시마에서 발견된 금도장은 『후한서』에 기록되어 있는 바로 그 금도장으로, 그 한자는 '한왜노국왕'으로 판단된다. 이런 사실로 보아 『후한서』의 기술이 역사적 사실에 근거한 것임을 알 수 있다.

한반도에서 발견된 은도장(銀印)

한반도에 대한 기록이 중국 역사서에 처음 등장하는 것은 위만조선이다. 『사기』「조선전」에는 다음과 같은 기록이 나온다.

> 조선 왕 위만은 전국시대 중국 연나라 사람이었다. 연은 전성기에 조선을 공격하고 통치하기 위해 요새를 만들고 관리를 두었다. 기원전 222년 진은 연을 멸망시키고 조선을 요동군 경계 밖에 두었다.

진에서 한으로 교체되는 시기에 위만은 1000여 명의 무리를 이끌고 압록강을 건너 한반도에 들어왔다. 그리고 기원전 194년 평양의 왕검성을 수도로 삼고 위만조선을 세웠다. 위만은 조선 사람인데 연으로 이주했다는 설도 있다. 위만조선은 기원전 108년 한의 공격을 받아 멸망했다. 위만조선이 있던 곳에 한 무제는 낙랑·진번·임둔·현도의 한사군을 설치했다.

한대에 동아시아의 고구려·부여·옥저·동예·맥·왜 등이 낙랑군에 조공했다. 『후한서』「고구려전」에 따르면 고구려는 서기 32년에 후한의 광무제에게 조공했다.

> 32년 고구려는 사신을 파견해서 조공했다. 광무제는 (신의 황제 왕망이 박탈했던) 고구려 왕의 칭호를 부활시켰다. 47년 겨울 고구려인 1만여 명이 신하가 되겠다며 낙랑군에 왔다.

또 『후한서』「부여전」에 따르면 부여 왕은 49년에 후한의 광무제에게 공물을 보낸 이래 해마다 조공했다. 그 후 부여 왕은 낙랑군을 공격한 일

중국 역사서에 나타난 고조선

고조선은 한국의 역사상 한반도와 남만주 지역에서 형성된 최초의 국가였다. 고조선이 중국 역사서에 처음으로 나타난 것은 기원전 7세기에 산동지방의 제나라에서 편찬된 『관자(管子)』라는 책이다. 여기에는 고조선이 제나라와 교역했다는 사실이 기록되어 있어, 이 무렵 고조선은 국제적으로 활동하던 국가였음을 알 수 있다. 고조선은 초기에는 여러 종족 집단을 강력하게 통치하지 못했지만, 기원전 4~3세기가 되면 중국의 연나라와 겨룰 정도로 강성해졌다. 중국 역사서 『삼국지』에 인용된 「위략」에는 기원전 4세기 당시 '조선후국(朝鮮侯國)'이 '왕'을 칭하고 연나라를 공격하려 한 사실과 일정한 수준의 지배체제를 성립한 사실이 기록되어 있다.

요동지역과 한반도 서북지방에 살았던 고조선 사람들이 남긴 대표적 문화로는 비파형 동검과 탁자식 고인돌을 들 수 있다. 특히 탁자식 고인돌은 하나의 세력권을 이루고 요동지역에서 한반도 서북부 지역에 걸쳐 집중 분포하고 있다. 사마천이 쓴 『사기』에 따르면 고조선은 기원전 108년 한 무제의 군대에 의해 멸망했다고 한다. 고조선이 있었던 지역에서는 고구려가 일어나 중국과 부단한 대결을 펼치며 성장했다.

도 있었지만 국교를 회복하고 나서 120년에는 조공하고 인수를 받았다.

120년 부여 왕은 왕자를 후한의 궁정에 파견했다. 안제는 왕자에게 인수와 금 비단을 수여했다.

1958년 낙랑군의 관청이 있던 평양시 장백동의 널무덤에서 '부조예군(夫租薉君)'이라 새겨진 은도장이 출토되었다. 1961년에도 그 가까운 곳에 있는 덧널무덤에서 '부조장인(夫租長印)'이라고 새겨진 은도장이 발견되었다. 또 낙랑군 관청 유적지에서 출토된 봉니에는 '부조승인(夫

租丞印’이라는 글자가 새겨져 있었다. ‘승’은 장관을 보좌하는 관리이다. 봉니란 중요한 문서를 넣은 상자를 끈으로 묶고 그 묶은 부분을 진흙으로 바른 다음 그 위에 도장을 찍은 것으로, 봉인이라고도 한다. 아직 종이가 발명되지 않았던, 그래서 목간과 죽간이 쓰였던 시대에 도장은 이렇게 사용되었다.

'부조'는 『한서』「지리지」에 나오는 표현이고, 『삼국지』「위지·동이전」에는 '옥저'라고 기록되어 있다. 부조(옥저)는 동예와 함께 한반도의 동해 지방에 위치해 있었다. 따라서 부조예군의 은도장은 후한의 황제가 부조 예족(옥저)의 족장에게 수여한 도장이었을 것이다. 그렇다면 왜 부조 땅인 한반도 동해안 지방이 아닌 한반도 서북부 지방인 평양에서 부조예군의 은도장이 발견되었을까? 그것은 한이 기원전 107년 옥저성에 설치한 현도군의 관청을 나중에 평양 부근의 낙랑군으로 옮겼기 때문이다.

금도장·은도장의 문화와 책봉 체제

왜 노국의 금도장과 부조의 은도장을 통해 우리는 어떤 역사적 사실을 알 수 있을까?

중국에서는 관직 서열에 따라 옥·금·은·동의 도장과 그것을 허리띠에 묶는 빨강·초록·보라·검정·노랑의 비단끈을 주었다. 이것이 바로 인수이다. 후한이나 위의 제도에서는 황제와 황후는 옥도장을 사용하고 왕에게는 금도장과 자수(보라색 끈)를, 지방의 장관에게는 은도장과 청수(파란 끈)를 주도록 정해져 있었다.

● 자료 3. 봉인한 상자

그 금도장과 은도장 등은 외교문서 등을 봉인할 때 쓰였다. 중국 주변 이민족의 국왕은 중국 황제에게 조공할 때 상표문(한문으로 기록한 공문서)을 제출했다. 그 문서가 공식적이라는 사실을 증명하기 위해 봉니를 찍는 것이다. 인수는 중국 황제에게 조공할 경우 반드시 필요했다.

중국에서는 전한 후기에 유교가 발전했다. 유교에서는 덕이 높은 성인이 군주가 되어야 이상적인 정치가 실현된다고 생각했다. 진·한 제국이 세워지면서 주변 이민족들의 존재가 분명하게 드러나게 되었는데, 그들도 이상적인 정치의 대상이 되었다. 중화사상에서는 주변의 이민족을 동이·서융·남만·북적이라고 칭하며 차별하고, 이들 이민족이 황제의 덕을 흠모해 내조함으로써 천하태평의 이상이 실현된다고 하였다.

중국 황제가 주변 이민족의 족장에게 인수를 수여한 것은 그들을 그 지역의 국왕으로 임명하고(책), 그 영토를 공인하는(봉) 대신 정기적인 조공의 의무를 지게 한다는 뜻이었다. 인수는 국왕으로서의 의무를 다하기 위해 필요한 것이었다. 즉 인수의 수여는 중국의 책봉 체제에 편입된다는 것을 의미했다. 황제는 국왕의 신하에게도 인수를 수여했다.

『후한서』에는 후한 황제가 주변 이민족에게 금도장 자수를 수여한 사례가 7건 기록되어 있다. 그것을 분류해 보면 첫 번째는 먼 나라들의 조공, 둘째는 후한 제국으로의 귀속, 세 번째는 군사적인 공적, 네 번째는 대군을 이끌고 항복한 경우이다. 왜인의 노국이나 야마타이 국이 금도장 자수를 받은 것은 첫 번째 경우에 해당한다.

그 당시 일본열도에는 100여 개의 나라가 있었다. 그 중에서 후한의 책봉으로 금도장을 받은 나라는 노국 이외에는 없었다. 이로 인해 노국은 다른 나라보다 훨씬 지위가 높아졌을 뿐 아니라 국내에서 노국 왕의 지위도 안정되었다. 후한의 지원을 받는 노국과 전쟁을 하는 것은 힘들기 때문이었다.

또한 책봉 체제는 주변 여러 민족이 한자 문화를 받아들이게 했다. 그들이 받은 인수로 봉인해야 하는 문서는 중국 문자와 문장이어야 했다. 그러나 당시 중국 이외에 자기 나라의 문자를 가지고 있는 나라와 민족은 없었다. 그래서 왜의 조공은 끊길 가능성이 컸다.

노국 왕이 금도장을 받고 50년이 지나서야 비로소 왜국 왕이 후한에 조공을 했다. 『후한서』는 그것을 다음과 같이 기록했다.

> 107년 왜국 왕(『통전』에는 왜의 이토 국왕) 스이쇼 등이 포로 160명을 헌상하고 황제를 만나기를 요청했다.

50년 후에 조공한 것은 노국 왕이 아니고 이토 국왕(혹은 왜국 왕)이었다. 헌상품도 왜의 산물이 아니라 포로였다. 그 후에 야마타이 국 시대까지 130여 년 동안 왜인의 조공은 끊겼다.

책봉 체제를 유지하기 위해 외교문서를 봉인하는 데 사용되었을 인수는 후한 왕조가 기대한 대로 기능하지 않고, 단지 왜인들 사이에서 국왕의 권위를 상징하는 귀중한 보물로 보관되었던 것 같다.

책봉 조공 체제의 지속은 인수를 주고받는 양자 모두에게 쉬운 일은 아니었지만 책봉 체제의 확산과 함께 한자 문화권도 확산되기 시작했다. 이런 한자 문화권의 존재가 그 후의 유교 문화와 불교 문화의 확산을 가능하게 했다.

후한의 멸망과 대방군의 설치

한 무제는 위만조선을 멸망시키고, 현도군을 설치해 고구려를 지배하려 했다. 고구려는 서기 32년 후한에 조공하면서 고구려 국왕의 지위를 회복했다. 그러나 105년 후한의 요동군·현도군을 공격해 6현을 빼앗았다. 한편 109년에는 후한의 안제에게 사신을 보내 조공하면서 118년과 121년에는 현도군을 공격하고 성을 포위했다. 요동 공격은 그 후에도 계속되었다. 이에 대해 후한은 그때그때 토벌군을 파견했지만 성과를 올리지 못하고, 오히려 현도군을 서쪽 지역으로 옮기지 않을 수 없었다. 이렇게 해서 후한의 책봉 체제는 무너져 갔다.

후한이 쇠퇴하자, 낙랑군의 태수 공손씨는 요동으로 세력을 넓히고 190년에는 요동군과 현도군을 장악하고 독립국을 세웠다. 그 후 낙랑군의 남부를 분할해서 대방군을 두었다. 204년경 고구려는 공손씨의 압박을 받아 수도를 졸본에서 집안으로 옮기고, 평지에는 국내성, 산지에는 환도성을 만들어 새로운 역사를 열어 나갔다.

3세기 초, 후한이 멸망하고 위·촉·오 등이 세워지면서 중국은 삼국시대로 들어갔다. 중국 대륙 내부 세 곳에 정치적 중심이 형성되고, 서로 자신들이 중국의 유일한 정통 황제임을 내세우면서 싸웠다. 이 삼국의 분립은 주변 여러 나라에 어떤 영향을 끼쳤을까?

중국의 지방정권으로 성장한 공손씨는 요동·현도·낙랑·대방의 사군을 지배했다. 공손씨는 서로 대립하고 있는 위와 오 두 나라의 제의로 사신을 왕래하게 하거나 교역을 벌였다. 어떤 때는 위의 책봉을, 어떤 때는 오의 책봉을 받으려 했다. 그러나 위는 촉에 대한 우위를 획득하자 대군을 파견해 공손씨를 공격했다. 238년 공손씨는 멸망하고 요동·현도·낙랑·대방의 사군은 위가 지배하게 되었다.

이로 인해 고구려와 위의 긴장 관계는 급속히 고조되었다. 이런 상황에서 오는 고구려와 합세해 위를 견제하려 했다. 고구려는 오와 위의 움직임을 무시할 수 없었기 때문에 외교에 고심했다. 242년 고구려가 요동군을 공격하자 245년에 위가 고구려의 왕도인 집안을 함락시키고 더 나아가 옥저와 동예까지 공격했다.

삼국시대의 동아시아

후한이 성립한 1세기에 일본열도는 100여 개의 나라로 분립해 있다가, 2세기 후반에는 왜국 대란을 거쳐 나라들 사이의 통합이 진행되었다. 후한이 멸망하는 3세기 초에는 30여 나라들이 공손씨가 신설한 대방군에 사신을 보냈다. 당시 왜는 왜국 대란이 있을 때까지는 남자가 왕이었는데 전란을 수습하는 과정에서 히미코를 야마타이 국의 여왕으로 함께 추대했다. 여왕 히미코는 위가 공손씨를 멸망시킨 직후에 위의 지배하로 들어간 대방군에 사신을 파견했다.

> 239년 6월 왜의 여왕이 대부(大夫) 난쇼마이 일행을 대방군에 보내서 위 황제와의 회견을 요청했다. 대방군의 장관은 관리를 시켜 난쇼마이 일행을 수도 낙양까지 함께 가게 했다(『삼국지』 「위지 · 왜인전」).

같은 해 12월에 위의 황제는 여왕에게 '친위왜왕'의 칭호와 함께 금도장과 보라색 인수를 수여하고, 가신인 난쇼마이에게는 '솔선중랑장'이라는 관직과 함께 은도장과 파란색 인수를 주었다. 오와 대립하고 있던 위는 오의 동쪽 바다 멀리에 있다고 생각하는 야마타이 국과 동맹해서 양쪽에서 오를 공격하려고 했던 것이다.

240년 대방군 장관은 사신을 왜국에 파견해서 황제의 조서를 전달했다. 왜국 왕은 상표문을 바쳐 감사의 마음을 표시했다.

그 후 야마타이 국의 여왕 히미코는 다시 사신을 파견해서 예전부터 사이가 좋지 않았던 구나 국과의 전쟁 상황을 위에 알렸다. 위는 관리를 파견해서 황제의 조서와 군대를 지휘하는 황색 깃발을 수여하고, 동시에 여왕을 지지하는 격문을 만들어 보내 백성들에게 보이게 했다. 위의 책봉을 받아 강력한 후원자를 얻게 된 야마타이 국의 여왕은 구나 국에 대하여 우위를 차지할 수 있었다.

일본에서는 야마타이 국이 규슈에 있었을까, 아니면 나라 분지의 야마

● 자료 4. 『삼국지』 「위지·왜인전」

토에 있었을까에 대해 에도 시대부터 논쟁이 지속되고 있다. 최근에는 고고학의 성과를 토대로 야마토설이 유력하다. 나라 현의 하시하카 고분이 여왕 히미코의 무덤이라고 보는 설도 있다.

중국에서는 263년에 위가 촉을 멸망시키고 265년 서진을 건국했으며, 280년에 서진이 오를 멸망시킴으로써 다시 통일시대를 맞이했다. 이런 변동기에 한반도에서는 고구려가 강대해져 313년 낙랑군을 멸망시켜 한반도로 남하하기 시작했다. 한반도 남부에서는 백제·신라·가야 등 여러 나라가 세력을 키워 갔다. 일본열도에서는 야마토 정권이 세워졌다.

한의 인수와 동물 모양의 손잡이

왜 노국의 금도장에는 뱀 모양의 손잡이가 있고, 부조의 은도장에는 낙타 모양의 손잡이가 달려 있다. 손잡이에는 도장을 허리띠에 묶을 때 필요한 끈을 매는 구멍이 있다.

중국의 운남성 곤명시 외곽에 있는 석채산 고분에서 뱀 모양 손잡이가 있는 금도장이 발견되었다. 도장에는 전왕지인(滇王之印)이라는 글자가 새겨져 있다. 석채산은 전지(滇池)라는 큰 호수 동쪽 기슭의 언덕에 있는데, 지금보다 훨씬 더 넓었던 호수 속의 작은 섬이었다. 그 언덕 위에는 왕 무덤 외에 50여 기의 무덤이 밀집해 있다. 이 지방에는 광대한 분지가 있어 옛날부터 벼농사가 활발했고, 먼 지역과 교역을 했다. 전왕에 대해서는 『사기』 「서남이전」에 다음과 같은 기사가 있다.

"기원전 109년 한 무제 병사를 전(滇)에 보냈다. 처음부터 전왕(滇王)은 한에 호의를 보였다. 전왕은 전쟁을 피하기 위해 항복하고 한 왕조의 관리를 두고 조공하겠다고 했다. 그래서 한은 그 지역을 익주군(益州郡)으로 하고, 전왕에게 인수를 주어 그 지역 백성들을 지배하게 했다."

근대 일본에서는 노국의 금도장이 가짜라는 설이 있었다. 아무리 고대라고 해도 중국의 신하였다는 것을 인정하고 싶지 않았기 때문이다. 가짜설을 뒷받침하는 이유 가운데 하나로, 뱀 모양의 손잡이는 다른 곳에서 볼 수 없다는 주장이 제기되었다. 그러나 1956년에서 1960년까지 벌인 조사에서 뱀 모양의 손잡이가 달린 금도장이 발견됨으로써 위조설은 사라졌다.

지금까지 중국 주변에서 발견된 한의 도장에는 뱀·낙타·양·말·거북이 등 동물 모양의 손잡이가 붙어 있다. 이것은 옥·금·은·동 등 도장의 재질에 맞추어 만들었으며, 중국 내외의 관리·족장·국왕 등 이들의 신분 질서를 나타내는 데 사용했다. 왕조에 따라 다르지만 국내의 왕에게는 거북이 손잡이, 북방 민족에게는 낙타 손잡이, 남방 민족에게는 뱀 손잡이를 사용했다. 왜국은 중국의 남동쪽에 있다고 생각했기 때문에 뱀 모양의 손잡이가 있는 도장을 받았다고 생각된다.

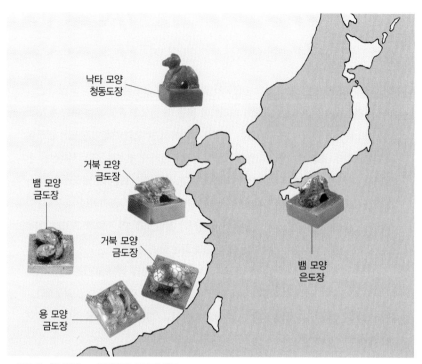

낙타 모양
청동도장

거북 모양
금도장

뱀 모양
금도장

거북 모양
금도장

뱀 모양
은도장

용 모양
금도장

● 자료 5. 한나라와 그 주변에서 출토된 인장

고분으로 만나는 한국과 일본

고대 한국과 일본에는 거대한 무덤들이 있었다. 누가, 왜, 이렇게 거대한 무덤을 만들었을까? 무덤들은 어떻게 생겼을까? 무덤이 우리에게 보여주는 것은 무엇일까?

장군총과 다이센 고분

자료 1은 고구려 수도가 있었던 압록강 북쪽 통구(집안)에 있는 장군총이다. 장수왕릉으로도 여겨지는 이 장군총은 1층 기단 한 변의 길이가 29미터이고 높이는 11미터이다. 평면 바닥에 단을 쌓고 화강암으로 7층까지 쌓아 올렸다. 4번째 단에 돌방을 만들고 부부를 합장한 돌널 2개가 있다. 7층 위에는 제사를 지냈던 것으로 보이는 집이 있다. 장군총을 올라가다 보면 무덤 속은 돌멩이로 가득 채워져 있음을 알 수 있다. 각 층마다 잘 다듬은 화강암을 두르고 돌멩이로 안을 채운 것이다. 1층 기단에는 한 변에 3개씩 3미터가 넘는 거대한 돌이 수호신처럼 놓여 있다.

돌방

● 자료 1. 옛 고구려 지역에 있는 장군총. 5세기.

● 자료 2. 일본 오사카 사카이 시에 있는 다이센 고분. 5세기.

자료 2는 왜의 근거지였던 오사카의 다이센 고분이다. 일본에서 가장 큰 무덤으로, 닌토쿠 천황의 무덤이라고 하는 사람들도 있다. 길이 486미터, 너비 350미터로, 길이로 보면 피라미드보다 더 길다. 무덤 주변에 3중으로 해자를 두르고 물을 채웠다. 그리고 무덤의 둥근 부분에 시신을 묻고 앞쪽 네모난 곳에서 제사를 지냈다.

한국과 일본에는 이런 거대한 무덤들이 많다. 무덤을 만드는 데 왜 이렇듯 정성을 들였을까? 동네 뒷산처럼 거대한 무덤을 만드는 데 얼마나 많은 사람들이 동원되었을까? 처음 이 무덤을 만들었을 당시의 모습은 어땠을까? 자, 지금부터 무덤을 찾아 시간 여행을 떠나 보자.

고대 한국의 무덤

고대 한국에는 다양한 형식의 무덤들이 있었다.자료 3 ①지역에 몰려 있는 것은 돌무지무덤이다. 처음에는 냇가에 시신을 놓고 그 위에 돌을 쌓은 단순한 구조였다. 점차 내부에 돌방을 만들고 그 위에 돌을 계단식으로 쌓기도 했다. 장군총은 이 돌무지무덤의 꽃이라고도 할 수 있다. 돌무지무덤은 ③부근에도 남아 있다. 50여 년 전까지 60여 기가 넘게 남아 있던 이 지역 무덤은 개발 바람에 밀려 지금은 거의 사라지고 말았다. 서울 석촌동에 남아 있는 큰 돌무지무덤은 한 변의 길이가 50여 미터에 이른다. 잘 보존이 되었다면 장군총보다 더 웅장한 규모였을 것이다. ①지역은 고구려 초기 수도가 있던 곳이고, ③지역은 백제 초기 수도가 있던 곳이다. 설화에 따르면 백제 지배층은 고구려에서 갈라져 나왔다고 한다.

● 자료 3. 한반도의 고분 분포도

광개토 대왕릉비

장군총 · 무용총
각저총 · 삼실총
오회분 4 · 5호묘

① 국내성
(집안)

백두산

고 구 려

서안평○

순천○   요동성총

강서 고분

강서   ② 평양성
쌍 영 총
용강

동 수 묘   ○안악

곡산○

비열홀(안변)○

동 해

하슬라(강릉)○

실직
(삼척)

우산국 ○

황 해

방이동 고분
가락동 고분
석촌동 고분

③ 위례성
(서울)

백 제

○서산

신 라

무령왕릉
송산리 고분

④ 웅진(공주)
사비(부여)

능산리 고분

○익산

금성 ⑤
(경주)

금관총 · 금령총
천마총 · 서봉총
호우총 · 황남총

왜

● 자료 4. 굴식 돌방무덤의 내부 구조. 고구려 덕흥리 고분.

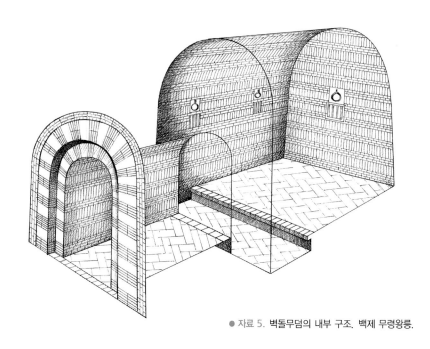

● 자료 5. 벽돌무덤의 내부 구조. 백제 무령왕릉.

꽤 멀리 떨어져 있는 두 지역의 돌무지무덤은 이 설화가 사실임을 뒷받침하고 있다.

②지역에는 벽화로 유명한 굴식 돌방무덤이 남아 있다. 고구려는 427년 이곳 평양으로 수도를 옮겼다. 굴식 돌방무덤은 시신을 넣은 널방과 내세의 생활공간인 앞방으로 구분된다.^{자료 4} 두 방은 널길로 이어져 있다. 방과 널길에는 벽화를 그렸다. 그림 주제는 시대에 따라 달랐다. 5세기경에는 주인공의 생활 그림을 많이 그렸다. 6세기에는 사신도 그림이 많다. 사신도는 불로장생을 기원하는 의미와 함께 무덤에서 동서남북을 수호하는 네 신을 상징적으로 표현한 그림이다. 사신이란 동쪽의 청룡(青龍), 서쪽의 백호(白虎), 남쪽의 주작(朱雀), 북쪽의 현무(玄武)를 말한다. 6세기 이후에는 규모가 크게 작아졌다. 중국 무덤의 영향을 받아 굴식 돌방무덤을 만들기 시작한 것은 4세기경부터다. ②지역은 4세기 초까지 중국 세력이 남아 있던 곳이다. 무덤 양식의 변화는 고구려가 이 지역을 차지하면서 중국 문화를 본격적으로 받아들였음을 보여준다.

④지역에 남아 있는 무덤은 주로 굴식 돌방무덤이지만 벽돌무덤도 서너 개 남아 있다. 자료 5는 벽돌무덤인 무령왕릉이다. 널찍한 방과 통로로 이루어져 있다. 통로와 방의 천장은 아치 모양이다. 이런 구조는 6세기 중국 양나라의 벽돌무덤과 비슷하다. 이는 백제가 고구려에게 밀려 ④지역으로 내려온 뒤 중국과 교류하면서 체제를 정비하였음을 보여준다.

⑤지역은 신라의 도읍지였던 경주가 있는 곳이다. 이 지역에는 다른 곳에서는 볼 수 없는 독특한 구조를 가진 돌무지 덧널무덤이 많이 남아 있다. 돌무지 덧널무덤은 자료 6처럼 나무 덧널 위에 돌을 쌓고 그 위를 흙으로 덮어 봉분을 만든 것이다. 덧널 안에는 시신과 함께 껴묻거리를

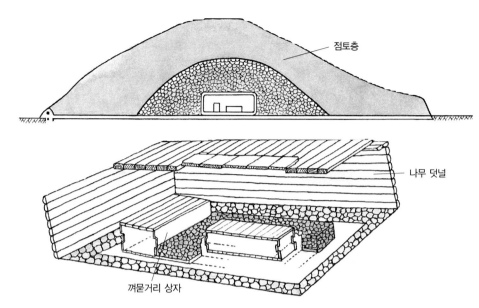

점토층

나무 덧널

껴묻거리 상자

● 자료 6. 돌무지 덧널무덤의 외부와 내부 구조. 천마총.

넣었다. 무덤 안으로 들어가는 널길이 없어 도굴을 피할 수 있었다. 신라 지배층들이 왜 이런 독특한 무덤을 만들었는지는 아직 밝혀지지 않았다.

삼국을 통일한 뒤 신라는 굴식 돌방무덤을 만들었다. 돌무지 덧널무덤 은 만들기도 힘들고 널길이 없어 합장하기도 어려웠기 때문으로 보인다. 자료 7은 통일신라시대에 만들어진 김유신의 묘이다. 굴식 돌방무덤으 로 무덤 둘레에 호석을 둘렀다. 이 호석에는 방위에 맞추어 무인의 모습 을 한 십이지신상을 새겨넣어 무덤을 지키게 하였다.

대체로 6세기 무렵부터 삼국의 무덤은 크기가 점차 작아졌다. 화장도 점차 유행하기 시작하였다. 이런 변화가 생긴 까닭은 무엇일까? 불교가 대중화됨에 따라 무덤과 내세에 대한 생각이 달라졌기 때문이다. 합리적 사고를 중시하는 유교가 정치 이념으로서 구실이 커진 것도 적지 않은

● 자료 7. 굴식 돌방무덤. 경주 김유신 묘. 양측 부조는 무덤 둘레 호석에 새겨져 있는 십이지신상.

영향을 미쳤다. 거대하고 화려한 무덤을 통해서 정치적 권력을 키웠던 시기는 지나가고 있었던 것이다.

일본의 고분

일본에서는 3세기 후반부터 7세기까지를 고분시대라고 한다. 무덤을 만들고 묻는 방식이 이 시기의 성격을 규정짓고 있기 때문이다. 일본 고분시대에는 네모꼴, 둥근꼴, 앞은 네모나고 뒤는 둥근꼴(전방후원분) 등 여러 가지 무덤을 만들었다. 이 가운데 거대한 규모를 자랑하는 전방후원분이 이 시대를 대표한다.

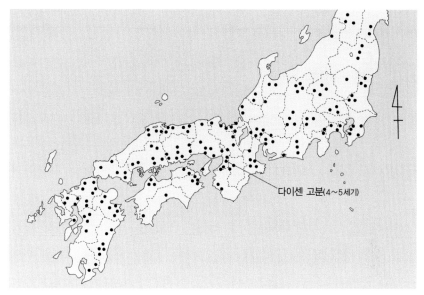

다이센 고분(4~5세기)

● 자료 8. 일본 대형 고분 분포도

3, 4세기에는 둥근꼴, 네모꼴 등 다양한 무덤을 만들었다. 일본은 주로 중서부 지역에 있는 고분이 유명한데, 구리거울, 옥제품, 칼 등이 껴묻혀 있다. 이로 미루어 무덤 주인공은 주로 제사장이었던 것으로 보인다.

5세기에는 전방후원분이 만들어졌다. 전방후원분은 평지에 큰 규모로 무덤을 만들고 둘레에 여러 모양의 진흙으로 만든 하니와를 둘렀다.자료 9 무덤 둘레에 해자를 판 경우도 있었다. 마치 성을 지키듯이 무덤을 보호하기 위한 장치였다. 전방후원분은 홋카이도와 혼슈 북부 지방, 오키나와를 제외한 일본 전역에 분포되어 있다. 그 중 거대한 규모를 자랑하는 무덤은 왜의 근거지인 나라 · 오사카 일대에 집중 분포되어 있다.

앞에서 본 다이센 고분은 무덤 자체를 만드는 데 매일 1000명 정도가 동원되어 4년이나 걸렸다고 한다. 1만 개가 넘는 하니와와 3중 해자까

● 자료 9. 전방후원분 복원도와 하니와를 배치한 상상도(○은 하니와가 배치된 위치)

● 자료 10. 오사카 사카이 시의 모즈 고분군

지, 무덤 전체를 완성하는 데는 상상을 뛰어넘는 인력이 동원되었을 것이다. 왜의 권력이 어느 정도였는지를 상징적으로 보여준다고 하겠다.

다이센 무덤 주변에는 자료 10에서 보듯이 작은 무덤이 10여 개가 딸려 있다. 여기에는 무기, 마구, 갑옷, 투구 등이 함께 많이 묻혀 있어 전방후원분의 주인공과 함께 활약한 귀족들의 무덤으로 보인다.

후기인 6, 7세기에는 전방후원분이 쇠퇴하고 점차 돌방무덤으로 변했다. 이는 무엇보다도 왜 왕권이 확실하게 확립되어 더는 거대한 무덤을 만들 필요가 없어졌기 때문이었을 것이다. 불교가 들어오자 사원이 권력을 과시하는 대상으로 변한 것도 중요한 원인이었을 것이다. 또 지방 곳곳에 있던 유력 농민들까지 무덤을 만들자, 그 이상은 무덤으로 차별을 보여주기 어려워졌기 때문이기도 하였다.

무덤 안에서 만나는 한국과 일본

무덤은 한반도 삼국과 일본열도 왜의 정치적 · 문화적 교류를 보여준다.

1972년 일본 나라 현 다카이치 군에서 우연히 고분이 발견되었다. 다카마쓰 고분이라고 이름이 붙여진 무덤 내부 벽화의 내용이 알려지는 순간, 사람들은 깜짝 놀랐다. 평양 부근 고구려에서 만든 수산리 고분벽화에 등장하는 귀부인과 다카마쓰 고분의 여인이 너무나 닮았기 때문이다.

자료 11과 12를 비교해 보자. 밝은 색감, 겹쳐지는 저고리와 색동 주름치마. 한눈에 보기에도 상당히 비슷하지 않은가. 머리카락을 자세히 그린 점, 인물 구도가 겹쳐지는 점 등도 제법 비슷하게 보인다. 고구려에서 건너간 사람들이 그렸을까? 아니면 당시 왜국 사람들이 고구려 그림을 배워서 그렸을까? 어느 쪽이든 고구려와 왜국은 친밀한 사이였음을 무덤 안의 귀부인들은 말하고 있다. 그런데 자료 13을 보면 고구려만이 아니라 당에서 영향을 받은 면도 적지 않음을 알 수 있다.

충청남도 공주시에 있는 무령왕릉은 더 확실하게 백제와 왜국이 활발하게 교류하였음을 보여준다. 무엇보다, 왕과 왕비의 시신을 넣는 관을 왜국이 만들어 보냈다. 무령왕의 시신은 죽은 뒤 2년 조금 넘게 임시 무덤에 보관되어 있었는데, 이 기간에 왜에서 관을 만들어 보냈다. 무령왕은 백제를 중흥시키고자 왜와 친밀한 관계를 맺었는데, 이 때문에 그가 죽자 왜에서 금송으로 관을 보내 호의를 표시하였다고 한다.

자료 14는 무령왕릉에서 나온 구리거울이고, 자료 15는 일본 동부 지방에 있는 군마 현 간논야마 고분에서 나온 구리거울이다. 크기와 무늬가 마치 쌍둥이 같다. 서부 지방의 시가 현 가부토야마 고분에서도 거의

● 자료 11. 고구려 수산리 고분벽화　　　● 자료 12. 일본 나라의 다카마쓰 고분벽화

● 자료 13. 중국 당 벽화

● 자료 14. 무령왕릉 출토 의자손수대경　　　　● 자료 15. 간논야마 고분 출토 의자손수대경

● 자료 16. 신라 금관　　● 자료 17. 상주 출토 금관　　● 자료 18. 긴칸즈카 금관

비슷한 구리거울이 나왔다. 무령왕릉이 6세기 전반, 가부토야마 고분이 6세기 중반, 간논야마 고분이 6세기 후반에 만들어졌다. 6세기 한반도 백제의 공주에서 바다를 통해 일본 서부 지방을 거쳐 일본 동부 지방으로 연결되는 문화 정보망이 형성된 것은 아니었을까?

신라도 활발한 교류를 하였다. 경주 황남대총에서 나온 금관자료 16은 북방 계열의 나뭇가지 문양을 갖추고 있다. 분위기는 조금 다르지만 비슷한 모양을 한 금관은 경상북도 상주자료 17와 일본 군마 현의 긴칸즈카 고분자료 18에서도 나왔다.

무덤은 보물 창고이다. 때로는 어떤 집에서 무슨 옷을 입고 무슨 음식을 먹었는지 생생하게 보여주기도 한다. 주고받은 문화 교류도 있는 그대로 보여준다.

고대 한국과 일본의 불상

고대 불상은 고대 사회를 반영하고 있다. 고대 한반도와 일본열도는 많은 불상을 제작했다. 그들의 불상은 서로 닮았을까, 아니면 달랐을까? 이 불상들이 우리에게 말하고자 하는 것은 무엇일까?

불교의 전래와 불상

4세기 무렵 한반도의 고대국가들은 새로운 통치 체제를 세워 강력한 나라를 만들려고 하였다. 날로 치열해지는 경쟁에서 살아남으려면 힘을 집중해야 할 필요성이 커졌기 때문이다. 그러기 위해서는 사람들을 하나로 묶을 수 있는 종교가 필요하였다. 서로 다른 부족의 종교는 여러 부족을 아우르는 데 걸림돌이 되었던 것이다. 이때 인도에서 시작된 불교가 중국을 거쳐 한반도에 전해졌다. 자료 1

이때 전해진 불교는 어느 한 부족에게만 적용되는 종교가 아니었다. 사람들은 누구나 불성을 가지고 있다는 교리가 모든 사람에게 호소력을

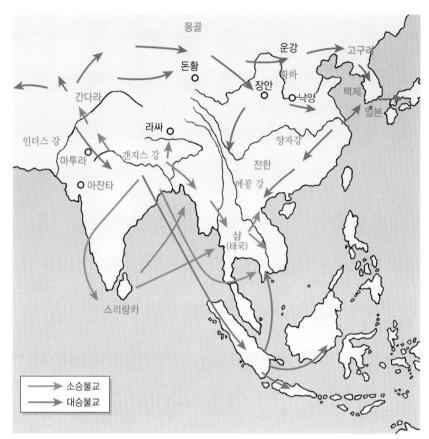

소승불교
대승불교

● 자료 1. 불교의 전래와 수용

발휘했다.

　이 때문에 새로운 종교를 찾고 있던 고대국가의 지배층들은 주저없이 불교를 받아들였다. 국왕은 진리를 터득한 부처와 자신을 동일시하면서 절대권력을 합리화하였다. 귀족들도 자신들의 지위를 합리화해 주는 불교를 받아들이게 되었다. 현재는 전생의 결과이고 사후세계는 현재의 결과라는 윤회설은, 이들이 지금 차지하고 있는 지위와 권력을 합리화시켜 주었다. 그야말로 불교는 국왕을 정점으로 한 고대국가의 집권 체제를 완성하는 이념으로 안성맞춤이었던 것이다.

불교가 들어오면서 사원과 불상이 만들어졌다. 큰 불상만이 아니라 작은 불상도 만들어졌다. 언제 어디서나 예배를 할 수 있는 작은 불상은 구체적이고도 효과적인 예배물이었다. 불교가 중국에서 한반도로 전해진 것은 4세기 후반이었다. 이때 불상과 불경도 함께 전해졌다. 일본열도는 한반도를 통해 6세기 전반에 불교를 받아들였다. 이때부터 일본열도에서도 불상이 만들어졌다.

한반도에 들어온 초기 불상

인도에서 처음 불상이 만들어진 곳은 인도 서북부 간다라 지역과 동북부 마투라 지역이었다. 간다라 불상은 이 지역이 그리스 헬레니즘 문화의 영향을 많이 받아 그리스 조각을 닮았다. 마투라 불상은 인도 전통문화가 강한 지역답게 인도 조각이 갖고 있는 특징을 계승하였다.

자료 2는 338년 중국에서 처음 만들어진 금동불이다. 전체적으로 다소곳한 모습에, 손을 배꼽 부분에 모아 쥐고 있는 선정인의 자세를 갖추고 있다. 육계라고 부르는 정수리 장식이 큼직하고, 미소도 띠고 있다. 이런 양식을 한 불상은 4~6세기 중국 남북조시대에 널리 제작되었다고 한다. 옷자락이 받침 자리에 흘러내리고, 받침 양쪽에 불교에서 신성시하는 사자가 새겨져 있다.

이런 불상은 한반도에서도 발견된다. 서울 뚝섬에서 앉은 모습을

● 자료 2. 중국 후조 건무 4년 명 금동불좌상   ● 자료 3. 백제 부여 군수리 출토 활석제여래좌상

한 작은 금동 불상이 출토되었다. 대좌 좌우에 사자가 새겨져 있는데, 자료 2의 불상과 닮았다. 중국에서 전래된 것일까? 한반도 어딘가에서 만든 것일까?

　백제의 세 번째 수도였던 부여 절터에서도 자료 3과 같은 불상이 발굴되었다. 이 불상은 백제에서 만들었다. 자료 2와 비교하면 옷자락이 흘려내려 받침대를 가득 덮고 있는 점이 조금 다르다.

금동 여래입상의 전래와 유행

불교가 발전하면서 삼국은 나름대로 불상을 발전시켰다. 자료 4는 한국에서 가장 오래된 불상이다. 539년 고구려에서 만들었다. 자료 5는 같은 시기에 중국 북위에서 만든 불상이다. 한눈에 보기에 두 불상은 무척 닮았다. 먼저 얼굴을 보자. 길고 가는 얼굴에 수줍은 듯 살짝 미소를 머금고 있다. 가슴 앞에서 발까지 U자 모양으로 흘러내린 옷 주름이며, 옆으로 뻗쳐 있는 옷 주름도 비슷하다. 오른손은 펴서 위로 들고 왼손은 아래로 내리고 있는 모습도 똑같다.

　물론 다른 점도 있다. 고구려 불상은 옷자락이 힘차게 뻗치고 있고, 불상이 서 있는 받침대 연꽃은 당장이라도 터질 듯한 강렬함을 느끼게 한

● 자료 4. 고구려 연가 7년 명 금동 여래입상　　● 자료 5. 중국 북위 금동 불입상

다. 고구려가 북위 불상을 모델로 삼으면서도 나름대로 개성을 살려냈음을 알 수 있다.

　같은 시기에 중국에서 유행한 광배 하나에 불상 셋을 배치한 삼존상도 삼국으로 들어왔다. 자료 7은 동위에서 돌로 만든 삼존입상이다. 중앙에 있는 본존은 북위 양식을 띠고 있다. 그러나 선으로 그려 넣은 협시보살은 북위 불상에 비해 부드러운 느낌을 준다. 자료 6은 고구려에서 금동으로 만든 삼존불이다. 자료 7의 동위 삼존불과 자료 4의 고구려 불상을 합쳐서 만든 것 같다. 이렇게 고구려는 중국 북조의 영향 아래 불상을 만들지만 점차 개성을 살려 나갔다.

● 자료 6. 고구려 계미 명 금동 삼존불입상　　● 자료 7. 중국 동위 석조 삼존불입상

삼존상의 유행과 일본 전파

국왕의 포교로 불교가 널리 퍼짐에 따라 많은 불상이 등장했다. 장소와
재료도 다양해졌다. 한반도에는 어디에나 화강암이 널려 있다. 단단한
화강암이 자연스럽게 불상의 재료로 많이 사용되었다. 자료 8은 백제가
6세기 후반 바위에 새긴 삼존불이다. 전체적으로 부드럽고 따스한 분위
기가 감돈다. 귀족 문화가 꽃핀 중국 남조의 영향을 크게 받았음을 알
수 있다.

그러나 여기에도 백제의 개성이 드러나 있다. 본존불은 미소 정도가
아니다. 아예 환하게 웃고 있다. 한국 사람들은 이 웃음을 '백제의 미소'
라 부른다. 오른쪽의 협시보살은 미륵 반가사유상이고 왼쪽은 관세음보

● 자료 8. 백제 서산 마애삼존불

● 자료 9. 일본 호류지 금당 석가삼존상 복원도

살이다. 광배의 연꽃과 옷자락의 선들이 모두 부드럽고 푸근한 느낌이다. 고구려 불상과 확실히 다르다.

불교를 모든 사람들에게 전파하려는 국왕의 자세가 저랬을까? 불교가 대중화되지 않았던 삼국시대에 국왕은 포교에 심혈을 기울였다. 친근한 모습의 불상과 보살상으로 민중들 마음에 불교를 새겨 넣고자 했던 것이다.

백제는 6세기 전반부터 일본에 불교를 전파했다. 백제의 위덕왕은 야마토 조정에 불교 사찰을 짓는 데 필요한 기술자를 여러 명 파견하고, 승려 혜총을 보내 불교 진흥을 지원했다. 아스카데라(法興寺)와 호류지(法隆寺)도 백제의 지원 아래 창건되었다고 한다. 불상도 백제의 영향을 크게 받을 수밖에 없었을 것이다.

자료 9는 오사카 부근의 나라에 있는 호류지의 석가삼존상이다. 본존불은 앉아 있고 양옆 보살은 서 있다. 일본에서 가장 오래된 불상에 속한다. 앞에서 살펴본 불상들과 한번 비교해 보자.

본존불이 취한 손 모양이 북위와 고구려, 백제의 불상과 같다. 옷은 양 어깨에서 내려와 가슴 앞에서 U자로 흘러내려 받침대를 가득 덮고 있다. 자료 3의 모습을 닮았다. 협시보살이 입고 있는 겉옷이 고기 지느러미처럼 바깥으로 뻗은 점과 부처와 보살이 길쭉한 얼굴을 하고 있는 점도 북위 불상과 닮았다. 전체적으로 북위와 고구려, 백제의 영향을 받았음을 알 수 있다. 자료 3의 불상과 자료 6의 삼존상을 합쳐 놓은 것 같지 않은가?

물론 중국, 한국 불상과 다른 독특한 개성도 지니고 있다. 본존불이 다른 삼존불과 달리 앉아 있다. 보일듯 말듯 살짝 드러내는 미소도 조금 다르다.

삼국과 일본의 관세음보살상

보살은 불교에서 부처가 되기 위해 공부하면서 중생을 가르치는 존재다. 보살 가운데 관세음보살은 원하는 것을 모두 이루어 주는 자비의 보살이다. 그래서 어느 시기를 막론하고 많이 만들었다. 비슷한 시기인 한국의 삼국시대와 일본의 아스카 시대에도 관세음보살상을 많이 만들었다.

자료 10은 7세기에 나무로 만든 일본 호류지 백제 관세음보살상이다. 자료 11은 백제의 두 번째 수도였던 공주에서 출토된 금동 관세음보살상이다. 두 보살상을 비교하여 닮은 점과 다른 점을 찾아보자.

● 자료 10. 일본 호류지 백제 관세음보살상 복원도   ● 자료 11. 백제 공주 금동 관세음보살상

두 보살상은 연꽃 받침대에 올라서 있다. 치렁치렁한 머리가 어깨까지 내려왔다. 겉옷이 아랫배에서 큰 X자형으로 교차하고 있다. 형식화된 겉옷이 아래로 늘어져 있다. 왼손은 아래로 오른손은 위로 들고 있다. 동일한 양식의 보살상으로 봐도 무리가 없을 듯하다.

다른 점도 많다. 백제의 금동 관세음보살상은 얼굴이 둥그스레한 백제 미인형이다. 일본과 달리 정병을 오른손에도 쥐고 있다. 일본의 호류지 백제 관세음보살상은 긴 얼굴에 미소를 머금은 북위형이다. 매듭의 위치도 조금 다르다.

삼국과 일본의 미륵 반가사유상

고대 한일 두 나라가 긴밀하게 교류하였음을 가장 확실하게 보여주는 불상은 미륵 반가사유상이다. 미래에 부처가 되어 설법을 통하여 수많은 중생을 구제하는 보살이 미륵보살이다. 이를 이루기 위해 깊은 생각에 잠긴 모습을 조각한 것이 미륵 반가사유상이다. 자료 12는 백제에서 만든 것으로 추정하는 금동 미륵 반가사유상이고, 자료 13은 일본 교토의 고류지(廣隆寺)에 있는 나무로 만든 미륵 반가사유상이다.

고구려, 백제, 신라는 6세기에 접어들어 많은 미륵 반가사유상을 만들었다. 조각은 점차 세련되어 갔고, 세 꽃잎 관을 쓴 미륵 반가사유상에 이르러 최고의 경지에 올랐다. 미륵 반가사유상들은 대부분 오른발을 왼쪽 무릎에 올리고 오른손을 뺨에 댄 채 사색하는 자세를 취하고 있다. 윗몸은 맨몸이고, 허리 아래쪽에 옷을 조금 걸치고 있다. 대좌에 옷이 잔

입 언저리와 미간을 움직이는 듯함

목걸이를 걸고 있음

굴곡이 심하여 생동적임

발 부위에만 단층의 연꽃을 새김

● 자료 12. 백제 삼산관 금동 미륵 반가사유상

입과 눈이 차분히 제자리에 있음

목걸이가 없음

잘 정돈되어
차분함

위·아래 2층으로
연꽃을 새김

● 자료 13. 일본 고류지 목제 미륵 반가사유상

뜩 주름진 채로 정돈되어 있다.

백제의 금동 미륵상과 일본의 목조 미륵상은 너무나 비슷하다. 닮은 점은 말로 표현할 필요조차 없을 것 같다. 그러나 가만히 보고 있으면 다른 느낌이 들기도 한다.

한국의 한 미술사학자는 그 느낌을 이렇게 말하였다. 백제의 보살상은 사색에 빠졌으나 강한 생동감이 엿보인다. 얼굴 근육과 손가락, 발가락이 꿈틀거리고 있는 듯하다. 반면에 일본 고류지 보살상에는 내적으로 깊은 사유의 고요함이 배어 있다. 얼굴도 몸매도 차분하다. 숭고하고 적막한 사색의 경지를 있는 듯 없는 듯 나타내고 있다.

그럼, 자료 12와 13을 보면서 어떤 점이 다른지 찾아보자.

불상으로 보면 고대 일본과 한국, 특히 백제는 일본과 매우 가까웠던 것 같다. 당시 고구려, 백제, 신라는 치열하게 경쟁하고 있었다. 백제와 고구려는 일본과 친밀한 관계를 맺어 경쟁 국면에 대처하고자 했다.

일본 야마토 정권도 고대국가 집권 체제를 세우는 데 불교를 필요로 했다. 백제가 일본에 불교를 전파하면서 두 나라는 친밀해졌다. 백제는 일본을 고구려나 신라보다 더욱 가깝게 느끼고 있었을 가능성이 높다. 당시의 이런 정세가 한국과 일본의 불상으로 나타나고 있는 것은 아닐까?

왜국으로 건너온 사람들

고대 한반도에서 왜국으로 온 사람들은 고대 왜국의 발전에 상당히 많은 영향을 끼쳤다. 문헌에 기록되어 있는 그 역할은 고고학의 성과로 얼마나 증명되었을까?

도래인

3세기 후반에서 7세기까지의 고분시대에 한반도에서 왜국으로 건너온 사람들을 일본에서는 도래인이라고 부른다. 도래인이 일본에 건너온 시기는 4기로 나눌 수 있다. 1기는 전설의 시대로, 도래인이 처음으로 건너온 시기다. 2기는 5세기로, 전설의 시대 이후 새롭게 도래한 사람들이 여러 가지 기술을 왜국에 전했다. 3기는 6세기로, 유교와 불교를 전해서 아스카 문화의 기초를 만들었다. 4기는 7세기 후반으로, 백제와 고구려가 멸망해 다른 시기보다 비교적 많은 사람들이 바다를 건너가 왜국의 정치와 문화에 커다란 영향을 끼쳤다.

9세기 초에 편찬된 『신찬성씨록(新撰姓氏錄)』에 따르면, 수도와 그 주변 지역에서 세력을 가지고 있던 1065개 성씨 가운데 326개 성씨(약 30퍼센트)가 가야·백제·고구려·신라에서 온 도래인이었다. 781년에 즉위한 간무 천황의 어머니이자 고닌 천황의 부인인 다카노노니이가사도 백제에서 온 도래인으로, 그의 가문은 무령왕과 성왕의 자손이라고 한다.

　1기 전설에 따르면 백제인 왕인이 『논어』와 『천자문』을 전했다고 한다. 또 아치노오미(阿知使主)가 17현의 백성을 데리고 왔는데, 그는 구레노쿠니(吳國)에 가서 그곳의 왕이 하사한 직물 짜는 여자인 에히메(兄媛)와 오토히메(弟媛), 구레하토리(吳織), 아나하토리(穴織) 등 4명을 데리고 왔다고 한다.

아야히토(漢人)는 가야 사람

『일본서기』 470년 기록에 따르면, 구레노쿠니의 사신과 함께 아야하토리, 구레하토리, 직물 짜는 여자인 에히메와 오토히메가 건너왔다. 이 여자들은 아치노오미의 자손인 야마토노아야우지(倭漢氏) 가문이 되었는데, 1기의 도래인보다 나중에 왔다고 해서 지금 건너온 아야히토라는

1기	에히메 兄媛	오토히메 弟媛	구레하토리 吳織	아나하토리 穴織
470년	에히메 兄媛	오토히메 弟媛	구레하토리 吳織	아야하토리 漢織

● 자료 1. 1기와 470년 기록의 비교표

의미의 이마키노아야히토(今來漢人)라고 불렀다. 470년의 이 기록은 1기의 기록과 비슷하다. 이 두 기록을 비교해 보자. 자료 1

직물을 짜는 여자인 에히메와 오토히메, 그리고 구레하토리는 1기와 470년의 기록이 일치하지만, 1기의 아나하토리와 470년 기록의 아야하토리는 다르게 부르고 있다. '아나'와 '아야'는 구레처럼 지명이나 나라 이름이라고 생각할 수 있다. 그렇다면

● 자료 2. 5세기의 한반도

아나와 아야는 어느 나라, 혹은 어느 곳일까?

아치노오미의 자손인 야마토노아야우지는 자칭 후한 영제의 자손이라고 말했기 때문에 야마토노아야우지나 이마키노아야히토(今來漢人)의 아야(漢)는 예전에는 중국 한에서 온 사람들이라고 생각했다. 그러나 1~2세기에 존재했던 후한과 5세기의 왜국과는 시기도 맞지 않거니와, 거리상으로도 너무 떨어져 있다.

왜국과 가까이 있는 한반도 남부의 가야 연맹 가운데 아라국이 있었다. 이 나라는 아라 가야라는 이름 외에 '변진 아야(『삼국지』「위지 · 한전」)'나 '아나 가야(『삼국사기』「지리지」)'로도 불렸다. 따라서 아야하토리는 '아라 가야의 직물 짜는 여자', 아나하토리는 '아나 가야의 직물 짜는 여자'로, 읽기는 다르게 읽었어도 같은 아라의 직물 짜는 여자임에 틀림이

없다. 그렇다면 야마토노아야우지는 아라 가야에서 건너온 사람들의 집단이고, 이마키노아야히토는 그보다 뒤에 가야에서 건너온 사람들일 것이다. 최근 고고학의 성과가 이런 추정을 확실하게 밝혀주고 있다.

아야히토(漢人)의 마을

『일본서기』의 기록을 보면, 가쓰라기 씨 출신 장군이 신라에서 데리고 온 사람들이 야마토 국 가쓰라기 군(현 나라 현 고세 시)의 네 개의 마을에 살고 있는 아야히토의 선조라고 한다. 가쓰라기 씨는 야마토 국 가쓰라기 지방 대호족이었다. 고세 시의 몇몇 유적에서 5~6세기의 호족 저택과 한반도식 토기와 철, 동, 은 조각, 그리고 칼자루, 칼집, 활, 베틀 등의 목제품과 청옥 조각, 철조각, 칠기 항아리 등이 발굴되었다. 호족 저택은 가쓰라기 씨와 관계가 있고, 이러한 유물이 발견된 공방은 아야히토와 관련이 있다고 생각된다.

이처럼 최근 고고학의 성과에 의해 네 개의 마을에 살던 아야히토는 5~6세기에 가쓰라기 지방에서 가쓰라기 씨와 관련한 호족 저택 가까운 곳에 집단 공방을 만들고 그곳에서 제련, 옥공예, 목수, 금속공예, 직물 짜기 등을 했다는 것이 밝혀졌다. 5세기부터 6세기 사이에 오사카 부와 나라 현에서 대량으로 제작된 한반도식 토기가 가야 지방의 토기와 비슷한 점으로 보아 이곳의 아야히토도 가야에서 온 사람들이라고 생각할 수 있다.

도래인의 기술

『일본서기』를 보면 463년 야마토노아야우지는 백제에서 도래한 이마키
노아야히토 기술자 집단을 왜국의 수도가 있는 아스카 지방의 세 개 마
을에 이주시켰다. 그들 집단은 도공 집단, 마구 제작 집단, 화공 집단,
비단 짜는 집단, 통역 집단 들이었다. 이 지역은 예전에는 이마키 군이었
는데, 후에 야마토 국의 다카이치 군이 되었다. 그들은 어떤 수공예 기술
을 왜국에 전했을까?

　도공 집단은 한반도에서 토기 만드는 기술을 전했다. 왜국에서는 5세

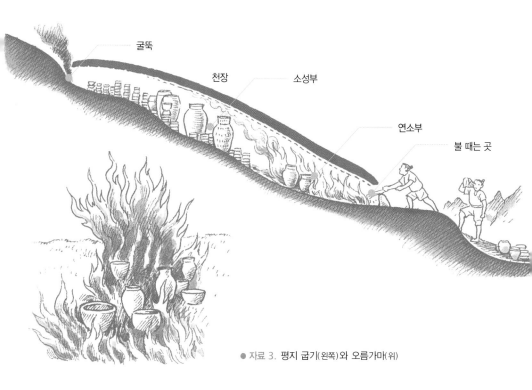

굴뚝

천장　　　　소성부

연소부

불 때는 곳

● 자료 3. 평지 굽기(왼쪽)와 오름가마(위)

기 고분시대 중기부터 가와치(오사카 부)와 야마토(나라 현) 지방에서 스에키라고 불리는 단단한 토기를 활발하게 생산했다. 초기의 스에키는 가야의 단단한 토기의 형태와 기술을 받아들인 것으로 보아, 도공 집단은 백제가 아니라 가야에서 온 토기 제작 기술자였다고 생각된다. 그 이전까지의 조몬 토기와 야요이 토기는 평지에서 800도 이하의 온도로 구워냈지만, 이 토기 기술자들은 언덕의 경사면을 이용해 오름가마를 만들고 그곳에서 1000도 이상의 고온으로 스에키를 구워낼 수 있었다. _{자료 3}

왜국은 4세기까지 말을 탈 줄 몰랐다. 5세기부터 말을 사육하고 타게 되었다. 오사카 부 시죠나와테 시에서는 5세기 후반에서 6세기경까지의 유적에서 말 이빨, 말 뼈, 단단한 토기, 한반도식 토기, 제염 토기 등이 발견되었다. 소금은 말을 키우는 데 반드시 필요했다. 왜국에서는 말을 사육하고 조련하기 위해서 말 사육부를 두었는데, 이것은 도래인의 기술자 집단이었다.

화공 집단은 그림을 그리고 채색을 하는 기술자 집단으로, 조정이나 사원의 벽과 병풍 등에 전문적으로 그림을 그렸다. 그들은 그들이 살았던 지역의 이름에 따라 야마토 화가나 가와치 화가라고 불렸다.

10세기의 사료를 보면 비단 짜는 사람들의 집단이 살았다고 생각되는 지명을 오사카 부, 교토 부, 시가 현, 나가노 현, 오카야마 현에서 확인할 수 있다. 비단 짜는 기술은 궁중뿐 아니라 양잠이 활발한 지역에도 보급되었음을 알 수 있다.

통역은 가야 사람이나 백제 사람이라 생각되는데, 그것은 그들이 한문에 능할 뿐만 아니라 왜국 언어도 할 수 있었기 때문일 것이다. '신해 471년'이라고 새겨진 사이타마 현 이나리야마 고분에서 출토된 철검이

소속관청	기술자	한 일
중무성	사서생(寫書生)	책 필사와 교정
	장황생(裝潢生)	책 장정
	조지생(造紙生)	종이 제작
	조필생(造筆生)	붓 제작
	화부(畵部)	그림 그리기와 채색
병부성	잡공호(雜工戶)	철 제련과 무기 생산
	응호(鷹戶)	매 사육과 조련
대장성	백제호(百濟戶)	말안장과 마구 제작
	박호(狛戶)	가죽 생산
	잡공호(雜工戶)	금속기와 유리 제품 생산
	염호(染戶)	고급 비단 염색
	도문생(挑文生)	비단 문양 제작
궁내성	공부(工部)	토목과 건축
	단부(鍛部)	금속 생산과 가공
	관호(管戶)	상자 수합 분배
	마부(馬部)	말 사육과 조련
	사호(飼戶)	말 사육과 조교

● 자료 4. 율령 국가의 도래인 기술자가 속한 관청과 관장 업무

나 같은 시기 구마모토 현의 에다후나야마 고분에서 출토된 칼에 새겨진 글에는 왜국의 지명과 인명이 한자 음으로 적혀 있다. 이것은 가야 혹은 백제에서 건너온 통역들이 있었기 때문에 가능했다.

5세기 왜국에 건너온 기술자들이 어떤 일을 어떻게 했는가에 대한 것은 사료가 별로 없어 자세하게 알 수가 없다. 그러나 8세기 율령 국가 시기의 상황에 대해서는 어느 정도 알 수 있다. 그들은 도래인 호족 밑에 예속되어 있으면서 국가의 관청에서 근무했다. 그들의 역할은 열일곱 가지나 된다.자료 4

5세기에 왜 이렇게 많은 도래인들이 왜국에 왔을까?

427년 고구려가 남하해서 수도를 평양으로 남조와 북조의 책봉을 받아 중국과의 관계를 안정시켜 백제·신라·가야를 본격적으로 압박했다. 신라에게는 국왕을 불러오게 해서 고구려 의복을 입히고, 신라 영토 내에서 군사를 모아 고구려군의 지휘 아래 두기도 했다. 그래서 백제는 475년에 수도를 한성에서 웅진으로 옮겼다. 백제에게는 475년 3만의 병사로 침공해서 국왕을 목 베어 죽게 했다. 백제와 가야로부터 도래인이 증가한 것은 한반도의 이런 정세 때문이었다.

유교와 불교의 전래

3기의 도래인은 5세기까지의 도래인과는 달리 왜국의 유교와 불교의 발전에 공헌했다. 6세기는 신라가 영토를 확장하고 고구려와 백제를 압박한 시대였다. 『일본서기』의 기록에 따르면 513년, 오경박사가 백제에서 왜국으로 건너왔다. 516년에는 다시 오경박사가 백제에서 새로 와 교대를 했다. '오경'은 유교의 경전인 『역경』, 『서경』, 『시경』, 『예기』, 『춘추』이며, 오경박사는 이 고전 과목을 강의하면서 왜국의 유교 교육을 담당했다. 중국의 오경박사는 오경 강의를 하면서 정치 고문도 했기 때문에 왜국에서도 오경박사가 정치 고문을 했을지도 모른다. 554년에도 오경박사와 승려가 교대를 하기 위해 왔으며, 역박사(易博士), 역박사(曆博士), 의박사, 채약사, 악인 등이 새로이 부임해 왔다. 오경박사에게 학문을 배웠던 사람들은 야마토노아야우지 가문과 왕인 자손 가문이었다. 그들은 후히도베(史部)로 불렸으며, 왜국 조정에서 대대로 서기로서 활약했다.

『일본서기』에 따르면 552년 백제의 성왕은 금동 불상, 불구, 경론 등을 왜국의 긴메이 천황에게 보내고 불교를 믿을 것을 권했다. 불교가 공식으로 왜국에 전해진 것이다. 그러나 이보다 먼저 도래인들 사이에서는 법당을 만들고 불상에 예배하는 등 불교를 믿고 있었다. 왜국에 전래된 불교는 왜인들 사이에서는 '부처신' 또는 '이웃나라의 신'이라고 불렸는데, 종래 왜국 사람들이 모시는 신과 같은 신으로 생각하면서 믿었다. 병의 회복을 기원하거나 선조를 공양하고, 비가 내리기를 기원하는 등 현세 구복을 바라거나 불상에 예배했다.

588년 백제에서 불사리와 함께 승려 6명, 절을 짓는 기술자 2명, 노반박사와 와박사 4명, 화공을 파견했다. 노반박사는 불탑 위의 둥근 부분을 장식하는 금속을 다루는 주조 기술자이고, 와박사는 오름가마에서 기와를 굽는 기술자이다. 이때 왜국의 대호족이었던 소가 씨는 5명의 여승을 백제에 유학 보냈으며 아스카 지방에 아스카데라를 건립하기 시작했다. 또 605년 스이코 천황은 아스카데라에 4.8미터의 불상을 만들라고 명령했다. 불상은 불교 신앙심이 깊은 도래인의 자손인 구라쓰쿠리노도리가 제작했다.

605년 고구려 국왕이 스이코 천황에게 불상 제작 비용으로 황금 300량을 보냈다. 아스카데라의 건립에는 백제와 고구려의 영향도 컸다. 아스카데라의 금동불은 동 2만 3000근(약 14톤), 금 759량(약 30킬로그램)을 들여서 다음 해에 완성했다. 구라쓰쿠리노도리는 불교 신앙심이 깊은 도래인의 자손이었다. 구라쓰쿠리노도리는 할아버지 때부터 줄곧 불법

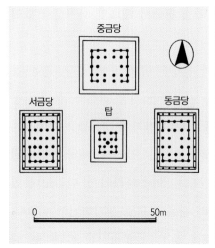

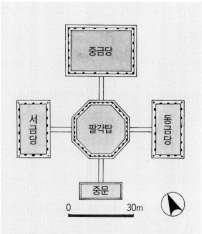

● 자료 5. 일본 아스카데라의 가람 배치 　　　　● 자료 6. 평양 청암리 폐사지의 가람 배치

중흥에 온 힘을 다 기울였기 때문에 그 공적으로 논 20정을 하사받았다.

　발굴 조사 결과에 따르면 아스카데라의 가람 배치자료 5는 불사리를 안치한 탑을 중심으로 동, 서, 북에 금당이 배치된 1탑 3금당이었다. 이것은 고구려 평양에 있는 청암리 폐사지자료 6나 정릉사의 가람 배치와 같다. 또 건축에 사용한 자가 고구려 자의 기준인 고려척이었다는 것도 확인되었다. 또 불사리를 매장한 탑 초석의 주위에는 철제 갑옷, 금동제 귀걸이, 청동제 말방울 외에, 곡옥, 관옥, 작은 유리구슬 등이 발견되었다. 작은 유리구슬은 감색, 청색, 녹색, 엷은 보라색, 황색, 적색 등 여러 가지 색깔로 2366개나 되었다. 이들 유물은 후기 고분의 부장품과 같은 종류의 것이었다. 소가 씨는 권위의 상징으로 고분을 만들었던 것처럼 아스카데라를 건립했다. 다른 호족들도 절을 세우기 시작해, 7세기 중반에는 절이 46곳, 승려가 816명, 여승이 569명에 이르렀다.

고구려 · 백제 도래인

『일본서기』를 보면, 565년 고구려 사람이 북규슈에 와서, 그들을 야마시로노쿠니(지금의 교토 부)에 거주하게 했다는 기록이 있다. 570년에는 고구려의 사신이 조난을 당해 후쿠이 현과 이시카와 현의 해안에 표류했다. 그래서 그들에게 교토 부의 사가라키 군에 집을 지어주고 후하게 대접했다. 이 지방에는 이미 고구려에서 건너온 사람들이 집단으로 살면서, 절을 짓고 있었기 때문이다.

또 595년에는 고구려의 승려 혜자가 와서 스이코 천황의 섭정인 우마야토 황자의 스승이 되어 아스카데라에 20년 동안 머무른 후 고구려로 돌아갔다. 618년에는 고구려 국왕이 승려 담징을 파견했다. 담징은 오경을 잘 알고 있었으며, 그림 도구와 종이, 먹 따위를 만드는 기술이 있었다.

6세기 말 이후 고구려에서 건너온 사람들이 늘어난 것은 고고학의 성과로 증명할 수 있다. 시가 현 시가 군에서 발견된 6세기 말에서 7세기 전반까지 집자리 유적에는 온돌이 많이 발견된다. 온돌 방식은 아궁이의 연기를 바로 밖으로 배출하지 않고, 벽을 따라 붙어 있는 연도를 만들어 실내를 따뜻하게 하는 것이었다. 근처에 있는 시가 고분군 고구려 고분에서 보이는 굴식 돌방무덤이 이 시기에 만들어졌으며, 취사도구 모양의 토우, 작은 토기, 젓가락 등이 함께 출토되었다. 이로 미루어 이 지역에 도래인 씨족이 많이 살았음을 알 수 있다.

또 나가노 현 북부의 오무라 고분군에는 5세기에서 7세기 고분이 약 500기 모여 있는데, 그 대부분은 고구려 고분과 같은 돌무지무덤으로 7세기에 그 숫자가 급증한 것으로 보이며, 시나노노쿠니(지금의 나가노 현)

에는 6세기 말에서 7세기 전반까지 고구려에서 온 사람들이 고마시(高麗氏)라는 이름으로 살았다. 이 사료가 보여주는 사실에 해당하는 시기와 돌무지무덤이 급증하는 시기가 일치하는 것이다. 그렇다면 돌무지무덤은 고구려에서 온 도래인의 무덤이라고 볼 수 있다.

660년 백제가 당과 신라의 연합군에 패해 멸망했다. 그것을 전후해 백제에서 왕족과 귀족을 포함한 많은 사람들이 왜국으로 건너왔다. 668년에 멸망한 고구려에서 온 도래인도 있었다. 4기의 도래인이다. 665년 백제의 남녀 400명을 시가 현에, 다음 해에는 백제인 2000명을 관동 지방에 이주시켰다. 669년에도 백제의 남녀 700명을 시가 현에 이주시켰다.

687년에는 고구려인 56명을 이바라키 현에 이주시키고, 716년에는 관동 지방의 고구려인 1799명을 사이타마 현에 이주시키고, 고마 군을 신설했다. 고마 군에는 고구려 망명 왕족을 모신 고마 신사가 지금도 있다.

국제관계로 보는『일본서기』

한국과 일본에서 가장 오래된 역사책은『삼국사기』와『일본서기』다.『일본서기』에는 백제·신라·고구려가 일본에 조공한 내용이 기록되어 있는데,『삼국사기』에는 그런 사실이 전혀 기록되어 있지 않다. 두 역사서의 기술은 왜 이렇게 다를까?

일본에서 가장 오래된 역사책

『일본서기』는 신화의 시대 2권과 진무 천황에서 지토 천황까지 41대 천황의 역사 28권을 한문으로 기록한 편년체 역사책이다.『일본서기』편찬은 681년 덴무 천황의 명령으로 시작되었다. 역대 천황의 계보와 각종 전설을 정리, 기록해서 720년에 완성했다(천황이라는 칭호와 천황의 이름은 천황이 살아 있을 때 붙여진 것이 아니라 그의 사후에 만들어진 것이지만 이 글에서는 편의상 사용한다).

　『일본서기』의 한일 관계 기술은 660년의 백제 멸망 후에 일본으로 도래한 사람들이『일본서기』편집국에 제출한『백제기』,『백제신찬』,『백

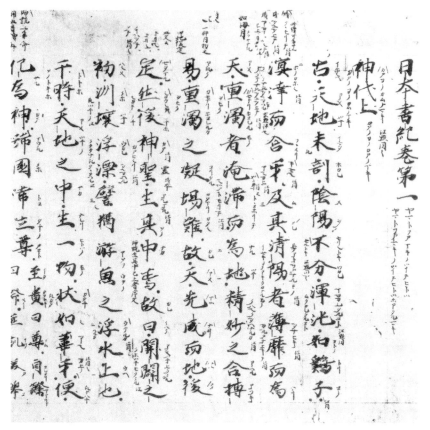

● 자료 1. 신화로 시작하는 『일본서기』의 첫 부분

제본기』(신라의 문헌은 이용하지 않음)를 자료로 활용했으며, 중일 관계를 기술하는 데에는 『위지』와 『진기거주』 등을 자료로 이용했다. 그 밖에도 문장을 한문답게 쓰려고 『한서』와 『후한서』 등 중국 고전에 나오는 표현을 상당히 많이 사용했다.

『일본서기』보다 8년 앞서 『고사기』가 편찬되었다. 『일본서기』는 역사서인 데 비해, 『고사기』는 역사 이야기 책이다. 『고사기』는 상·중·

하 총 3권이다. 상권은 신들의 시대를, 중권은 유교가 전래된 오진 천황까지를, 하권은 불교가 융성했던 스이코 천황(628년 사망)까지를 일본식 한문으로 기록했다.『일본서기』와 달리 편찬되었던 당대의 일은 다루지 않았으며, 국가에서 인정하는 공식 역사서도 아니었다.

『일본서기』의 '왜'와 '일본'

같은 시대에 편찬된『고사기』가 '옛날 일의 기록'이라는 일반적인 명칭인 데 비해,『일본서기』는 '일본'이라는 고유명사가 책 이름에 들어가 있다. 왜 그랬을까?

'일본'이라는 용어는『일본서기』에 책 이름으로 쓰인 사례를 제외하고, 본문에서만 219차례 사용되고 있다. 그러나 그보다 8년 전에 편찬된 『고사기』에는 '일본'이라는 용어가 한 번도 나오지 않고 '왜(야마토)'라는 용어만 64번 나온다.『일본서기』에서 국제 관계가 많이 기술된 진구 황후기(神功皇后紀) · 유랴쿠 천황기(雄略天皇紀) · 스이코 천황기(推古天皇紀)에서 일본이라는 용례를 살펴보자.

자료 2를 보면 알 수 있듯이,『일본서기』는 백제 · 신라 · 고구려 관련 기사에는 '일본'이라는 용어를 쓰고 있다. 이에 비해『위지』,『진기거주』,『백제기』,『백제신찬』의 인용문에는 '왜' 또는 '대왜'로 쓰고 있다. 이것으로 보아 '일본'이라는 용어는 오래 전부터 사용한 것이 아니라 『일본서기』에서 처음으로 사용했다는 사실을 알 수 있다. 또한『일본서기』는 백제 · 신라 · 고구려를 '서번(西蕃, 서쪽의 번국)'이라고 부르고, 이

	연도	내용
진구 황후기	200년	신라 왕이 말했다. "동쪽에 신의 나라가 있는데, 일본이라고 한다. 또 훌륭한 왕이 있는데 천황이라고 한다." 신라 왕은 매해 80척의 조공을 일본국에 보냈다. 고구려 왕과 백제 왕은 이를 듣고 말하기를 "앞으로 영원히 서쪽의 번국으로 칭하고 조공을 지속하겠다."
	239년	『위지』에 전하기를 "명제 경초 3년 6월, 왜의 여왕이 대부 등을 파견해서 대방군에 도착했다."
	262년	『백제기』에 전하기를 "가라 국주의 누이가, 대왜(大倭)를 향해 존경하는 마음으로 말하기를……."
	266년	『진기거주』에 말하기를 "무제 태초 2년, 왜의 여왕이 통역을 거듭 보내어 공물을 헌상했다."
유라쿠 천황기	461년	4월, 백제 개로왕이 동생 곤지에게 말하기를 "너는 일본에 가서 천황을 모셔라." 7월, 『백제신찬』에 전하기를 "신축년, 개로왕은 동생 곤지군을 대왜에 파견해서 천황을 모시게 하다."
	476년	겨울 고구려 왕이 대군을 이끌고 백제를 멸망시키다. 고구려 왕은 "백제국은 일본의 신하가 된 지 오래되었다. 또 그 왕이 천황을 모신 것은 천하가 아는 일이다"라고 하면서 남은 백제 병사에 대한 토벌을 멈추었다.
스이코 천황기	605년	4월, 고구려 국왕이 일본국 천황이 불상을 만들었다는 말을 듣고, 황금 300량을 헌상하다.
	608년	8월, 대당(수)나라의 국서에 이르기를 "황제, 왜황에게 묻다."

● 자료 2. 『일본서기』'왜'·'일본' 관계 기사

와 대비되는 의미에서 '신국(神國)' 또는 '일본'이라는 용어를 썼다.

『고사기』에는 왜 일본이라는 용어를 쓰지 않았을까? 『고사기』는 천황이 지배하는 왜국의 일부로 신라와 백제를 기술했음에 비해 『일본서기』는 당시의 국제 관계가 왜(=일본)를 중심으로 그 주변에 백제와 신라와 고구려 등 서번이 있었던 것처럼 의도적으로 기술했다. 그러나 『고사기』는 중국과 고구려는 기술하지 않았다. 중국과 고구려 등 외부에서 일본을 보는 국제적인 시각이 없었던 탓에 일본이라는 용어를 사용하지 않았던 것으로 보인다.

701년에 시행된 다이호 율령에서는 당과 신라를 외국으로 의식하면서 스스로를 '일본'이라 칭하고 있음에도, 712년에 만들어진 『고사기』는 천황이 통치하는 자국 이외에는 생각할 수 없었기에 '일본'을 쓰지 않았다.

　이로 미루어, 『고사기』에는 다이호 율령 이전의 낡은 세계관이 반영되어 있음을 추측할 수 있다. 이에 비해 국가의 정사인 『일본서기』는 전설의 시대까지 거슬러 올라가 '서번'과 '동이'라는 용어를 쓰면서 이와 대비되는 용어로 '일본'을 썼다. 따라서 『일본서기』는 일본이 세계의 중심이라는 사상을 바탕으로 '일본'이라는 한자를 사용했음을 알 수 있다.

'일본'의 의미

예로부터 일본이라는 한자의 의미는 '해가 뜨는 곳의 나라'라는 설이 있었다. 9세기에서 10세기 전반까지, 일본 조정에서는 『일본서기』를 6차례나 강의했다. 그때 『일본서기』의 '일본'이라는 명칭을 놓고 토론이 벌어졌다. 왜 '왜서기(倭書記)'라 하지 않고 '일본서기(日本書紀)'라고 했을까, 처음에 일본이라고 부르기 시작한 것은 중국일까 일본일까 하는 점 등이 토론의 주제였다. 누가 먼저 왜국을 일본이라고 불렀는가에 대한 의문의 요지는 이랬다. 왜국은 당나라에서 보면 동쪽에 있기 때문에 해가 뜨는 방향에 있지만, 왜국에 살고 있는 사람들에게는 그렇지가 않다. 그런데 어째서 '해가 뜨는 나라'라고 했을까?

　이 물음에 대한 답변을 들어보면 "수나라에 간 외교 사절이 왜국을 일본이라고 말했는데, 수의 황제가 그것을 인정하지 않았다. 그러나 당나라의 측천무후는 왜국이 해가 뜨는 쪽에 있기 때문에 일본이라고 불렀다"고 한다. 그러니까 처음에 왜국이 스스로 일본이라고 불렀을 때는 그것을 인정하지 않더니, 나중에 중국이 일본으로 불러서 일본이 되었다는 것이다. 하지만 처음에 일본 사절이 왜국을 일본이라고 칭한 사실이 있었기 때문에 당의 측천무후가 그것을 인정해 준 것이다.

일본이라는 용어는 701년 다이호 율령에서 가장 먼저 공식적으로 사용되었다. 곧 공식 문서에 '일본'이라는 용어가 외교에서 사용하는 용어로 법률에 규정되었던 것이다. 다이호 율령은 당과 신라에 대한 외교문서에는 "천하를 다스리는 일본 천황의 말씀(御宇日本天皇詔旨)"이라 쓰고, 국내의 중요한 문서에는 "천하를 다스리는 천황의 말씀(御宇天皇詔旨)"이라 쓰도록 규정했다. 702년 당에 보낸 사신들은 이 양식으로 외교문서를 만들어 제출했는데, 당의 측천무후는 이를 인정하고 받아주었다. 이전의 기록은 모두 왜·왜국·대왜라고 썼다.

그런데 『일본서기』는 자료 2에서 보았듯이 중국과 백제의 인용문에서는 왜국이라고 쓰면서 본문에서는 701년 이전의 신라와 백제와 고구려와의 관계에서도 일본이라 적고 있다. 701년의 다이호 율령으로 성립된 일본이라는 국호는 당시 신라와 왜의 관계에서 신라를 '번국'으로 보려는 의식을 전제로 만들어진 것이다. 그런 사정을 701년 이전의 과거로까지 거슬러 올라가 반영한 것이 『일본서기』의 기록이었다.

『일본서기』의 연대

『일본서기』는 1대 진무 천황이 기원전 660년 신유년에 즉위했다고 하면서, 이 해를 기준으로 이후 천황의 연대를 기록하고 있다. 그러나 진무 천황이 즉위했다는 기원전 660년에는 아직 계급이 발생하지 않았고, 지배자인 천황과 국가도 없었다. 지금도 진무 천황은 전설상의 인물로 생각되고 있다.

『일본서기』는 왜 이런 가공의 인물과 연대를 기록했을까? 그것은 7세기 초에 중국에서 전해진 역법과 신유 혁명 사상 때문이다. 이 사상에 따르면 신유년은 천제(天帝)의 명령으로 제왕(帝王)이 바뀌는 해라고 한다. 특히 건국과 같은 대혁명은 1260년(60년×21원＝1260년)마다 찾아오는 신유년에 일어난다고 생각했다. 그리고 서기 601년이 때마침 신유년이었기 때문에, 그 해로부터 1260년을 거슬러 올라간 기원전 660년을 1대 천황의 즉위년으로 결정했던 것이다.

이런 신비한 사상에 기초해서 초기 천황의 즉위년을 결정했기 때문에, 그 후의 연대를 꿰맞추기 위해 실제로 존재하지 않았던 천황을 만들어내거나, 몇몇 천황은 의심이 갈 정도로 장수를 누려야 했다. 가령 1대 천황부터 15대 천황 중에 100살 이상 장수한 천황이 11명이나 있다.

백제의 사료를 인용하고 있는 『일본서기』의 진구 황후와 오진 천황 시대의 백제 왕 즉위 기사, 그리고 『삼국사기』의 동일 기사를 비교해 보면, 간지는 거의 일치하지만 연대는 120년 정도의 차이가 난다.자료 3

『일본서기』의 진구 황후 시대의 기술이 『삼국사기』의 기술과 120년 정도 차이가 나는 이유는 무엇일까? 그것은 『일본서기』가 진구 황후를

『일본서기』	『삼국사기』
255년(진구55) 을해 초고왕 서거	375년(초고30) 을해 근초고왕 서거 근구수왕 즉위
264년(진구64) 갑신 구수왕 서거 침류왕 즉위	384년(구수10) 갑신 근구수왕 서거 침류왕 즉위
265년(진구65) 을유 침류왕 서거 숙부 진사왕 즉위	385년(침류2) 을유 침류왕 서거 숙부 진사왕 즉위
272년(오진3) 임신 진사왕 살해	392년(사기8) 임신 진사왕 살해 아신왕 즉위
285년(오진16) 아신왕 서거 전지왕 즉위	405년(아신14) 아신왕 서거 전지왕 즉위
294년(오진25) 갑인 직지왕 서거 구이신왕 즉위	420년(전지16) 갑인 전지왕 서거 구이신왕 즉위

● 자료 3. 『일본서기』와 『삼국사기』의 백제 왕 즉위 기사의 비교

『삼국지』 「위지 · 왜인전」에 나오는 야마타이 국의 여왕 히미코로 보았기 때문이다. 『일본서기』 239년도 기사에 "「위지 · 왜인전」에서 말하기를 위명제 경초 3년 6월, 왜의 여왕이 대부 등을 파견해서 대방군에 이르다"는 기사가 있다. 위의 경초 3년은 239년인데, 『일본서기』의 편찬자는 진구 황후를 여왕 히미코와 동일 인물이라고 생각했거나 아니면 히미코를 모델로 진구 황후를 만들어냈다. 그리고 그 시대부터 신라와 백제가 일본에 조공을 시작했다고 역사를 조작했는데, 백제의 사료와는 연대가 일치하지 않았던 탓에 어쩔 수 없이 『일본서기』는 백제의 연대를 120년 끌어올려 기술했던 것이다.

『일본서기』와 백제의 칠지도

백제가 일본에 조공한 사례로 드는 역사 기록은 『일본서기』 진구 황후 시대 252년 9월의 기사다. 그곳에는 이소노카미 신궁의 칠지도 전래에 관한 기록이 있는데 그 내용은 바로 백제가 일본에 조공했다는 것이다.

> 백제국에서 구저 일행이 일본에 왔다. 칠지도 한 자루, 거울 한 개, 그 밖에 여러 가지 보물을 헌상하였다. 이후 매년 조공을 계속하고 있다.

이 기술은 예전부터 한국과 일본 역사학계의 논쟁이 되어 왔다. 첫 번째 논쟁은 왜 두 역사서가 120년의 연대 차이가 있을까 하는 것이고, 두 번째 논쟁은 백제가 일본에 조공을 했을까 하는 것이다.

칠지도는 지금도 나라 현 덴리 시에 있는 이소노카미 신궁의 보물 창고에 보존되어 있다.자료 4 그 칠지도에 금으로 상감한 글이 있는데, 현재는 다음과 같이 해석한다.

앞면 : 泰和四年十一(?)月十六日丙午正陽 造百練鋼七支刀 出辟百兵 宜供供侯王 □□□□ 作
뒷면 : 先世以來 未有此刀 百濟王世子奇 生聖音故爲倭王旨造 傳示後世

● 자료 4. 칠지도

위 글의 의미는 "태화 4년(369년) 11월 16일 병오일 정오, 백 번 단련한 철로 칠지도를 만들다. 모든 무기를 물리칠 수 있으니 전쟁을 몰아내고, 예의바른 군주에 어울린다. □□□□가 만들다. 이전에는 이런 칼이 없었다. 백제 왕의 태자 기(귀수)가 도교 사상을 가지고 살기 때문에 왜왕을 위해 만들었고 후세에 전하라"일 것이다. 성음은 도교의 사상을 의미한다. 그러나 여기에 새겨진 글로는 백제가 일본에 조공을 했다는 사실은 읽어낼 수 없다. 다만 369년 백제의 귀수태자가 모신 근초고왕의 재위년도 346~375년과 일치한다.

『일본서기』는 칠지도의 연대를 여왕 히미코의 시대로 맞추기 위해 거의 120년이나 연대를 앞으로 당겼으며, 또한 동시에 칠지도를 백제가 조공을 시작했다는 증거로 삼으려 했다. 그러나 객관적으로 칠지도의 명문을 해석하면 그 안에서는 백제가 조공했다는 사실을 읽어낼 수 없다.

『일본서기』의 국제 의식

309년에서 458년까지 150년 동안의 『일본서기』에는 백제와 신라에 대한 기술이 나오지 않는다. 그리고 476년 이후의 연대는 『삼국사기』의 연대와 거의 일치하며 120년의 차이가 없어진다.

다른 한편 왜국에게 불명예스러운 사실은 기록하지 않았다. 예를 들면 5세기에 왜국의 다섯 왕이 중국의 남조에 조공을 하여, 칭호의 수여를 요구한 바가 있다. 요구한 칭호는 '사지절도독왜 백제 신라 임나 가라 진한 모한 칠국제군사 안동대장군 왜국 왕(使持節都督倭·百濟·新羅·任

那·加羅·秦韓·慕韓七國諸軍事安東大將軍倭國王)'으로, 백제나 신라보다 지위가 더 높았다.

이 시기 한반도에서는 고구려가 남하 정책을 실시해 백제와 신라를 압박하기 시작했기 때문에 왜국의 지배자들은 중국 황제에게 조공하고, 그 권위를 빌려서 삼국보다 우위에 서려고 했다. 그러나 남조의 황제는 그런 왜의 요구를 인정해 주지 않았다. 그 후 100년간 왜국은 중국에 조공을 보내지 않았으며 중국의 책봉 체제에서 벗어났다. 그러나 왜의 다섯 왕이 남조에 조공을 보낸 사실을 『일본서기』는 전혀 기술하지 않았다.

이후 수가 중국을 통일하자 100년 만인 600년에, 왜국은 다시 사절을 파견했다. 이것이 처음 수에 파견한 사절이다. 『수서』는 그 사절로부터 얻은 정보를 가지고 왜국의 제도까지 자세하게 기술했는데, 『일본서기』는 그런 사실이 있었음에도 불구하고 아무것도 기술하지 않았다. 이 역시 그 당시 일본이 원하는 외교적 목적을 얻지 못했기 때문이라고 추정된다.

『일본서기』는 백제와 신라와 고구려에 대한 기술을 할 때는 대국 의식을 가지고 역사를 적극적으로 조작했으며, 삼국이 일본에 조공했다고 꾸며낸 이야기를 역사적 사실인 것처럼 기술했다. 한편 중국에 대한 기술에서는 왜국이 불명예스럽다고 생각하는 사실을 없애 가며 일본을 대국으로 묘사하려 했다. 『일본서기』에는 이런 일본 고대 귀족의 국제 의식이 나타나 있다. 『일본서기』의 기술에 이와 같은 한계가 있지만, 우리는 일본의 가장 오래된 역사책 『일본서기』에 실린 신화나 전설을 통해서 고대 귀족들의 사고방식을 읽어낼 수 있다. 또 5세기 이후의 기록을 바탕으로 고대 국가 형성 과정을 연구할 수 있다.

08

『삼국사기』를 밝힌다

『삼국사기』는 한국의 고대사를 알려주는 중요한 역사책이다. 왜 이 책을 만들었고, 어떤 내용이 실려 있는지 알아보자.

『삼국사기』를 왜 만들었을까?

『삼국사기』는 고구려, 백제, 신라 세 나라에 관한 역사책이다. 서기 무렵부터 고구려, 백제가 멸망한 7세기 중반까지는 세 나라의 역사가, 7세기 중반부터 10세기 전반까지는 (통일)신라 한 나라의 역사가 기록되어 있다. 중국에서는 새로운 왕조가 등장하면 앞선 왕조에 대한 역사책을 만들었다. 고려도 왕조의 기틀을 다진 초기에 이런 관례를 본받아 세 나라 역사책을 만들었다. 그런데 1145년에 김부식은 왕의 명령으로 세 나라 역사책을 다시 만들었다. 왜 그랬을까? 『삼국사기』 서문에서 그 까닭을 찾아 보자.

지금 학자와 관리들은 유교 경전과 여러 중국 학자의 글, 그리고 중국 역대 역사책에는 두루 통하여 상세히 말하는 사람은 있으나 우리나라에 대해서는 전혀 그 처음과 끝을 모르니 심히 탄식할 일이다.

우리나라의 『고기(古記)』는 문장이 거칠거나 서툴고 내용이 소략하여 군주의 잘잘못과 신하의 충성스러움과 사악함, 국가의 안정과 위급함, 인민의 어려움을 다스리는 일을 모두 나타내지 못하고 또 교훈을 주지 못하고 있다.

위 글에서 볼 수 있듯이 김부식이 『삼국사기』를 새로 만든 까닭은 크게 두 가지다. 하나는 중국 역사에 비해 우리 역사를 모른다는 것이다. 또 하나는 그때까지 역사책은 당시의 왕과 관리, 귀족 들이 생각하기에 자신들이 바라는 나라를 만들기 위한 '교훈'으로 삼는 데 부족한 점이 많다고 판단했기 때문이다.

『삼국사기』에는 어떤 내용이 들어 있을까?

『삼국사기』는 본기 28권, 연표 3권, 잡지 9권, 열전 10권 등 전체 50권으로 이루어져 있다. 본기는 역대 왕과 관련된 사건을 다룬 것이고, 열전은 유명 인물에 관한 기술이다. 연표는 역대 왕들이 왕위에 있었던 기간을 연대순으로 만든 표이다. 잡지는 통치 제도와 사회운동 등에 관한 내용을 적은 것이다.

그럼 본기에는 어떤 내용이 있는지 살펴보자.

자료 1은 신라 본기 제1 박혁거세 첫 부분이고, 자료 2는 백제 본기 제4 무령왕 첫 부분이다. 박혁거세와 무령왕의 경우에서 보듯이 본기는

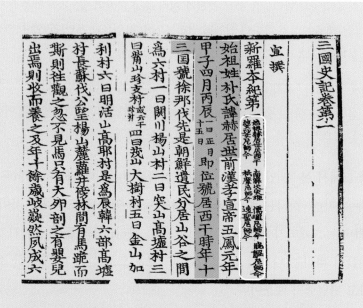

"시조는 성은 박씨요. 이름은 혁거세라… 갑자 4월 병진 즉위하니 거서간
이라 부르고 나이는 13세였다."

● 자료 1. 박혁거세 본기 첫 부분

왕의 성과 이름으로 시작한다. 이어 얼굴, 신체적 특징, 성품 등이 적혀
있다. 왕이 된 시기는 언제인지, 왕이 되기 전의 일과 왕위에 오른 과정
은 어떠한지 등에 대해서도 자세히 기록되어 있다. 물론 왕이 재위 기간
에 활동한 내용에 관한 기록도 자세히 적혀 있다. 여기서 잠깐! 자료 1
과 2의 흰색 원에 들어 있는 작은 글씨를 비교해 보자. 왕을 부르는 이름
이 다르지 않은가. 신라는 6세기 왕이라는 호칭을 쓰기 전까지 토박이
말로 왕을 불렀음을 알 수 있다.

본기에는 자연재해에 관한 기록과 하늘에 제사를 지낸 기록이 전쟁이

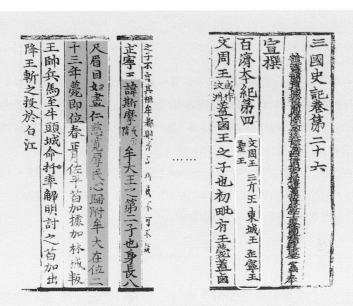

"이름은 사마이고 모대왕(동성왕)의 둘째아들이다. 키가 8척이고 눈썹과 눈이
그림 같았다. 인자하고 관대해 백성들은 마음으로 그를 따랐다. 모대왕이 왕
위에 있은 지 23년 만에 죽자 그가 왕위에 올랐다."

● 자료 2. 백제 본기 제4 첫 부분

나 외교에 관한 기록보다 더 많다. 가령,

혜성이 하늘에 길게 뻗쳐 빛을 내다가 20일 만에 사라졌다. 지진이 있었다. 왕도
에 흙이 섞인 비가 내리고 낮인데도 어두웠다. 4월에 가뭄이 들었고 흉년이었다.

왜 이런 기록들이 잡지가 아닌 본기에 있을까? 전쟁과 외교에 대한 기
록보다 많은 까닭은 무엇일까? 힌트는 이 기록들이 나라가 어지럽고 혼
란할 때 많이 나온다는 것이다.

당시 사람들은 왕은 하늘을 대신하여 백성을 다스린다고 생각하였다.

김부식과 『삼국사기』

김부식이 『삼국사기』를 새롭게 지은 것은 당시 정치 상황과도 무관하지 않다. 이 무렵 고려는 수도를 북쪽으로 옮기고 금을 정벌하자는 세력과 김부식을 중심으로 이를 반대하는 귀족 세력이 대립하고 있었다. 금을 정벌하자고 주장하던 세력은 수도 이전 계획이 계획대로 되지 않자 반란을 일으켰다.

김부식은 정부군 총사령관이 되어 어렵사리 반란을 진압하는 데 성공하였다. 하지만 반대 세력이 주장하던 명분마저 무시하기 어려웠다. 『고기』가 교훈을 주지 못한다는 판단은 이런 정치 상황과 관련이 있지 않을까?

이 때문에 왕이 정치를 잘못하면 하늘이 천재지변을 통해 경고한다고 믿고 있었다. 그래서 이상한 자연 변화가 일어나면 왕들은 몸가짐을 바르게 하고, 죄인을 풀어 주거나 좋은 정치를 하려고 노력하였다. 자연재해에 대한 기록이 많은 것은 바로 이 때문이다. 당연히 하늘에 제사를 지내는 일도 비중 있게 다뤄졌다.

다음으로 많은 것은 전쟁과 외교에 관한 것이다. 특히 고구려, 백제, 신라 세 나라 사이 또는 중국과 벌인 전쟁이 많이 기록되어 있고, 전쟁에 대비하기 위해 궁궐 주위나 산에 성을 쌓은 기록이 많다. 이 밖에 본기에는 죄인을 처벌한 내용, 가난하거나 어려운 사람을 돕기 위해 왕이 행한 일도 기록하고 있다.

이제 연표자료 3를 살펴보자. 한마디로 연표는 왕의 집권 기간을 연대순으로 표시한 것이다. 연표는 위에서 아래로 첫째 줄부터 간지, 중국, 신라, 고구려, 백제 순으로 기록되어 있다. 오른쪽에서 왼쪽으로 한 칸

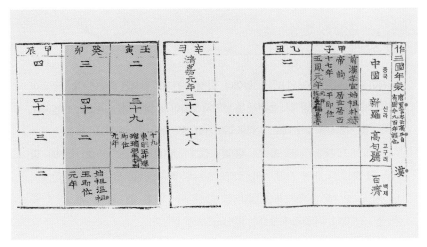

● 자료 3. 『삼국사기』 연표

이 1년이다. 예를 들어 신라 박혁거세는 중국 오봉 원년인 갑자년에 즉위하였다. 옆 칸에 있는 二는 을축년이 박혁거세 즉위 2년이라는 뜻이다. 고구려 동명왕이 죽고 유리왕이 즉위한 해는 중국 홍가 2년, 신라 박혁거세 39년인 임인년이다. 백제 온조왕이 즉위한 때는 중국 홍가 3년, 신라 박혁거세 40년, 고구려 유리왕 2년인 계묘년이다.

이처럼 연표에는 중국, 신라, 고구려, 백제의 순으로 건국부터 고려 통일 이전인 936년까지 1000년 동안의 왕의 연대를 기록하고 있다. 중국 칸에는 연호와 연대, 왕조의 명칭 등을, 삼국 칸에는 왕 이름, 왕위에 오른 해와 죽은 해, 국가의 멸망 사실 등이 쓰여 있다. 삼국의 건국 순서가 신라, 고구려, 백제 순이라는 것도 눈길을 끈다.

다음은 잡지가 나온다. 잡지에는 제사, 음악, 옷 색깔, 수레 종류, 그릇 용도, 집 크기, 지리, 관제 등을 자세하게 기록하고 있다.

간지가 뭐예요?

이 책이 나온 날은 2006년 8월 10일이다. 이 날을 간지로 말하면 병술년 7월 병인일이다. 이처럼 간지는 동양에서 올해가 몇 년인지 오늘이 몇 일인지를 표시하는 방법이다. 간지는 몇 시인지를 말할 때도, 방향을 이야기할 때도 썼다.

간은 모두 10개로 갑(甲)·을(乙)·병(丙)·정(丁)·무(戊)·기(己)·경(庚)·신(辛)·임(壬)·계(癸)이다. 지는 자(子:쥐)·축(丑:소)·인(寅:호랑이)·묘(卯:토끼)·진(辰:용)·사(巳:뱀)·오(午:말)·미(未:양)·신(申:원숭이)·유(酉:닭)·술(戌:개)·해(亥:돼지) 등 12개이다. 이 간과 지를 조합하여 60간지를 만든다.

갑	을	병	정	무	기	경	신	임	계	갑	을	…	임	계	갑	을	병	정	무	기	경	신	임	계
자	축	인	묘	진	사	오	미	신	유	술	해	…	자	축	인	묘	진	사	오	미	신	유	술	해

이렇게 10간과 12지를 서로 조합하면 61번 만에 다시 처음으로 되돌아오게 된다. 이렇게 조합한 것을 가지고 해와 날을 표시했다. 이를 갑자에서 시작해서 60가지가 된다 하여 60갑자라고 한다. 따라서 60년이 지나면 자신이 태어난 그 간지가 그대로 돌아온다.

만약 을축년에 태어났으면 61살이 되는 해 다시 을축년이 되는 것이다. 이를 기념하여 환갑잔치를 한다. 지금이야 60살을 사는 것이 보통 일이지만 옛날에는 60살을 살기가 어려웠기 때문에 이를 기념하여 큰 잔치를 열었다.

진골은 방 길이와 폭이 24척을 넘을 수 없다. 6두품은 방 길이와 폭이 21척을 넘을 수 없다. 5두품은 방 길이와 폭이 18척을 넘어서는 안 된다. 4두품부터 백성은 방 길이와 폭이 16척을 넘지 말아야 한다.

이를 통해 당시 사람들이 지위의 높고 낮음에 따라 크기가 다른 방을 사용했음을 알 수 있다. 방 크기만이 아니라 섬돌, 담장은 물론 마굿간의 크기까지 규제하였다. 심지어 화장실도 신분에 따라 크기가 달랐다. 옷도 마찬가지였다. 신분과 관직에 따라 입을 수 있는 옷의 종류와 색깔 등이 달랐다.

지리에는 지방과 지명에 대한 내용을 기록하고 있다. 여기서는 옛 수도와 지방의 유래를 밝히고 있다. 그리고 삼국에 어떤 벼슬이 있었는지에 대한 내용도 빠짐없이 기록하고 있다. 그런데 신라에 대한 내용이 많고 상대적으로 백제나 고구려에 대한 부분이 적다.

마지막으로 열전에는 50여 명의 중요 인물이 등장한다. 예컨대 16살의 어린 나이에 전쟁에 나가 목숨을 바치면서 왕에게 충성한 사람, 부모를 섬기는 효성이 지극한 인물 등 여러 부류의 인물이 등장한다. 이 가운데 가장 중요하게 다루고 있는 인물이 김유신이다. 열전의 1/3 이상을 차지할 정도로 많은 양을 차지하고 있다. 이는 그가 삼국통일에 공이 가장 컸고, 왕에 대한 충성과 나라를 사랑한 대표적인 인물이었기 때문으로 판단된다.

또한 일반 백성으로 신라의 향덕이라는 사람이 나온다. 그는 집안이 가난하여 먹을 것이 없자 자기 넓적다리 살을 베어 어머니에게 먹이고, 상처에서 나오는 더러운 고름을 입으로 빨아내어 어머니의 병을 낫게 한 사람으로 기록되어 있다. 이처럼 열전에는 충신과 효자가 많이 나온다. 아마 이는 효와 충을 강조하려는 편찬자의 유교적 가치관이 중요하게 작용하였기 때문이라 할 수 있다.

있는 그대로 서술하다

김부식은 '있는 그대로 서술하되 짓거나 꾸며 쓰지는 않는다'는 유학적 역사관으로 『삼국사기』를 편찬하였다. 『삼국사기』에는 믿기 어려운 자연 현상과 신화가 실려 있다. 이를테면 "신라 시조 박씨와 석씨는 알에서 태어났고, 김씨는 금궤 안에 넣어져 하늘에서 내려왔다"거나 "금수레를 타고 왔다"는 내용이 있다. 김부식은 이 내용은 믿을 수 없는 신화이지만 기록이 오래되었기 때문에 그대로 둔다고 하였다. 또한 거서간, 차차웅, 이사금, 마립간 같은 신라 고유 왕호나 이벌찬, 이찬 등 토박이 관직 이름은 뜻을 잘 모르는 오랑캐 말이라고 멸시하며 부끄러워하면서도 그대로 실었다.

이는 김부식이 옛 기록에 있는 사실을 마음대로 없애지 않았고, 객관적이고 합리적인 역사관으로 『삼국사기』를 편찬하였음을 보여준다. 이를 위해 김부식은 당시에 살던 사람이 직접 쓴 것과 전하는 이야기를 기록한 간접 자료 등 여러 가지 자료를 참고하였다. 금석문 자료도 활용하고, 중국측 자료도 많이 인용하였다.

이런 태도는 고고학적 증거물로 확인할 수 있다. 1971년에 백제의 수도였던 공주에서 무령왕릉이 발굴되었다. 여기서 무덤 주인공이 누구인지를 기록한 지석_{자료 4}이 발견되었다. 지석에는 백제 사마왕으로 불린 왕이 23년을 재위하다 계유년, 즉 526년 사망했다고 적혀 있었다. 이 내용은 『삼국사기』 무령왕 편에 기록된 내용과 똑같다.

또 1999년 백제 초기의 수도로 짐작되는 풍납토성(서울 송파구)의 발굴 결과도 이런 편찬 태도를 뒷받침해 준다. 한국의 역사학계에서는 삼

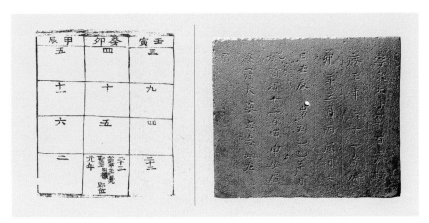

● 자료 4. 『삼국사기』의 연표 부분과 무령왕릉 지석

국시대 초기의 사회 상황을 이해하는 데 『삼국사기』와 더불어 3세기경 중국 진나라에서 편찬된 『삼국지』 「위지·동이전」을 자료로 활용해 왔다. 두 역사책에서는 1~3세기의 동일한 사건에 대해 서로 다르게 기록하고 있다.

『삼국지』 「위지·동이전」에서는 한국의 중부 지방에 목지국이라는 소국가가 강대한 세력으로 백제를 비롯한 여러 소국을 다스리고 있다고 기록되어 있다. 반면 『삼국사기』에는 목지국 대신에 백제가 이 지역 여러 소국을 지배하고 있고 나아가 신라를 침략하여 전투를 벌이고 있다고 기록하고 있다. 지금까지 역사학자들은 시기상으로 직접 살았던 당시의 기록인 『삼국지』 「위지·동이전」의 기록을 더 신뢰하였다.

그런데 풍납토성에서 거대한 성벽자료 5과 함께 백제 초기 것으로 보이는 기와, 높은 관직 명칭으로 추정되는 대부(大夫)라는 글씨가 새겨진 토기, 제사 터로 알려진 여(呂)자형으로 추정되는 건물터, 왕궁 제사에 사용하는 말머리 뼈 등이 발굴되었다.자료 6 지하 뻘 층에서는 성벽을 쌓

● 자료 5. 풍납동의 백제 초기 토성 터

● 자료 6. '대부(大夫)'라는 글씨가 새겨진 토기①, 풍납토성 공사용 목재②,
　　　　왕궁 제사에 사용하는 말머리 뼈③.

기 위해 사용한 판자가 발견되었다. 이 판자의 연대를 측정한 결과 오차를 인정하더라도 기원전 2세기에 만들어진 것으로 판단되었다. 이는 지금까지 백제를 마한에 속한 소국 가운데 하나로 보고 마한 일대에는 성곽이 없었다는『삼국지』「위지·동이전」의 기록과 다른 결과였다. 오히려『삼국사기』의 기록이 사실에 가까웠다.

『삼국사기』의 문제점은 무엇일까?

물론『삼국사기』도 초기 기록은 믿을 수 없는 내용도 있다. 일부 왕은 수명이 100~130살이 되는 경우가 있다. 신라의 건국 연대도 기원전 57년 갑자년에서 시작하고 있다. 이는 아마 60간지에서 시작을 의미하는 해가 갑자년이기 때문일 것으로 추정된다. 같은 사건인데 본기와 열전에서 각기 연대가 다르게 기록된 사례도 있다. 이처럼 초기 기록의 연대 부분에서는 믿을 수 없는 사실이 많이 있다. 이러한 문제점 때문에 연대 기록이 혼란스러운 4세기 이전의 기록은 전적으로 믿을 수 없다는 주장과, 연대상의 문제는 있긴 하지만 내용은 사료 비판을 통해 신뢰할 수 있는 부분이 있다는 주장이 대립하고 있다.

또 김부식은 "백제와 고구려가 신라를 침략하자 당나라에서 선린 관계를 유지하라는 명령을 내렸는데 이를 어겼다. 이는 대국에 죄를 지었으니 망함이 마땅하다"고 비판하고 있다. 또한 중국과 대등함을 상징하는 독자적인 연호를 사용하는 것은 비판하고, 반대로 중국 연호를 사용한 것은 칭찬하고 있다. 또 붕이라 표현된 왕의 죽음을 그보다 격이 낮은 제후국 왕의 죽음을 표현하는 '훙'으로 고친 사례가 나오고 있다. 비판하는 사람들은 이를 두고 김부식이 사대주의적 사관을 갖고 있었음을 보여주는 것이라고 한다. 또 신라를 가장 먼저 서술할 뿐 아니라 분량이나 인물이 많다는 점을 들어 신라 중심의 사관이라고 비판하는 사람도 있다.

중국을 둘러싼 고대 동아시아

5세기에서 8세기까지 중국과 주변 여러 나라들은 서로 어떤 관계를 맺으며 교류하였을까? 이러한 교류는 서로에게 어떤 영향을 주었을까?

책봉 조공 체제란 무엇일까?

자료 1~4는 비슷한 시기의 동아시아 네 나라 수도인 당의 장안성, 발해의 상경성, 신라의 경주, 일본의 헤이조쿄(平城京)의 평면도이다. 첫눈에 뭔가 비슷하다는 느낌이 든다. 무엇이 그런 느낌을 갖게 하였을까?

네 나라의 수도 모두 북쪽 한가운데 왕궁이 있었다. 왕궁 남쪽 문에서 수도를 둘러싸고 있는 남쪽 가운데 문까지 다른 길보다 훨씬 넓은 길이 보인다. 이 길을 '주작 대로'라고 불렀다. 사방을 지키는 신 가운데 남쪽 신이 주작인데 거기에서 따온 이름이다. 주작 대로를 중심으로 네 나라의 수도는 바둑판처럼 질서 정연하게 짜여 있다.

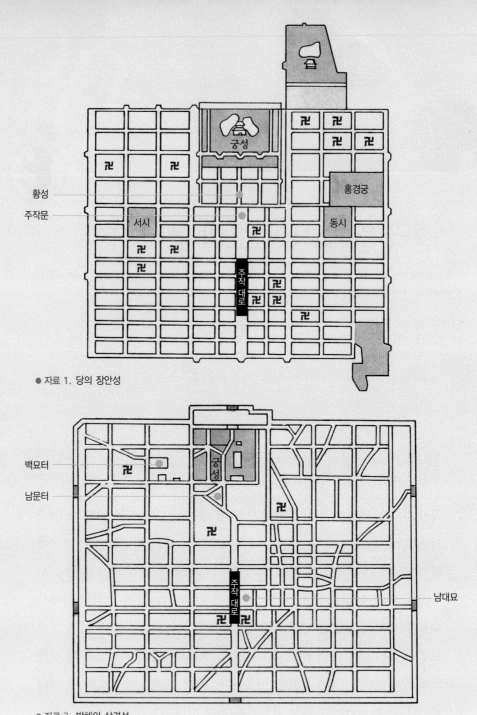

● 자료 1. 당의 장안성

황성
주작문
서시
동시
홍경궁
궁성
주작대로

● 자료 2. 발해의 상경성

백묘터
남문터
궁성
주작대로
남대묘

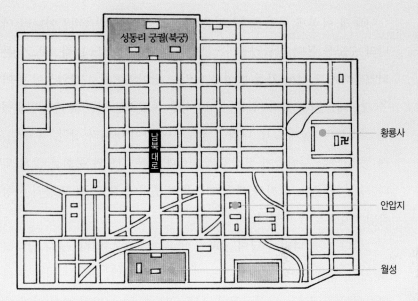

황룡사

안압지

월성

● 자료 3. 신라의 경주

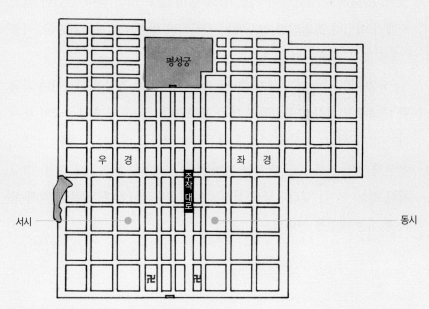

● 자료 4. 일본의 헤이조쿄

중국을 둘러싼 고대 동아시아 | 119

어떻게 이렇게 닮았을까? 같은 사람이 설계를 했을까? 아니면 어느 나라 수도를 본떠 만들었을까? 본떠 만들었다면 어느 나라 수도가 본이 되었을까? 그 당시 가장 번성한 나라는 당이었으므로 장안성이 본이었을 것이다. 발해, 신라, 일본이 장안성을 본떴다는 것은 교류가 빈번했음을 의미한다. 실제로 네 나라는 정부 사절만이 아니라 상인, 유학생, 승려 등 다양한 사람들이 오갔고, 그 결과 같은 제도와 문화를 갖게 되었다. 정부와 군사, 토지와 세금 제도를 비롯하여 불교, 유교 등의 사상적 측면에서도 당을 따랐다.

그렇다고 세 나라가 당의 지배를 받은 것은 아니었다. 당시 당나라는 두 가지 방식을 이용하여 주변국들을 통제하였다. 하나는 직접 관리를 파견하여 지배하는 방식이었다. 당은 가능한 한 이렇게 하고 싶어 했을 것이다. 하지만 주변국이 어느 정도 힘이 있고 멀리 떨어져 있어 직접 지배가 어렵다고 판단한 경우에는 간접적인 방식으로 통제하였다. 이를 '책봉 조공 체제'라고 한다.

'책봉'이란 중국의 황제가 주변국의 통치자에게 특정한 관직이나 작위를 내려주고 신하로 복속하게 하는 제도였다. '조공'이란 주변국의 통치자가 정기적으로 중국에 사절을 파견하여 예물을 바치는 행위를 말한다. 어떻게 보면 책봉 조공 관계는 지배-복속 관계처럼 보이기도 한다. 그렇지만 겉보기와는 달리 3국은 실질적으로 독립국이었다. 명목상 지배-복속 관계를 맺었을 뿐이다.

고구려, 등거리 외교 정책을 펴다

5세기 동아시아는 격동의 시기였다. 중국에서는 통일 왕조가 무너지고 남과 북에 각기 나라가 세워졌다. 북방 초원에서는 유목 민족이 힘을 키우고 있었다. 동북아시아에서도 큰 변화가 일어났다. 고구려가 북방 여러 민족을 정복하고 한반도에서도 주도권을 장악하였다. 신라는 사실상 고구려에게 복속되었다. 백제는 고구려의 공격으로 왕이 전사하자(475), 수도를 남쪽으로 옮기지 않을 수 없었다. 강성해진 고구려는 중국의 압력에서 벗어나 점차 독자적인 외교정책을 펼쳤다. 중국 남조 왕조 가운데 하나인 남제에 관한 역사 기록을 보자.

> (고구려는) 481년 사신을 보내 (남제에) 공물을 바쳤고, 북위에도 사신을 보냈다. 그러나 (고구려의) 세력이 강성하여 통제받지 않았다. 북위는 사신의 숙소를 만들 때, 남제 사신의 숙소를 제일 크게 만들고 고구려는 그 다음가게 하였다. 489년 남제의 사신이 북위에 갔을 때 고구려 사신과 나란히 앉게 되었다. 이에 남제의 사신이 "고구려는 우리 조정에 신하로 따르고 있는데, 오늘 감히 우리와 나란히 설 수 있는가"라고 항의하였다.(『남제서』)

『남제서』에서 먼저 눈길을 끄는 점은 서로 으르렁거렸을 중국 남북 왕조가 서로 사신을 보냈다는 것이다. 그 다음에는 고구려가 남북 왕조 모두에 사신을 보냈다는 점이다. 남제는 그 사실을 알았지만 달리 어쩔 도리가 없었다. 그저 '세력이 강성하여'라고 한탄할 뿐이었다. 그것보다 더 중요한 것은 남제에게 책봉을 받은 고구려를 남제와 동등하게 대우했다는 점이다. 이런 조치는 남제와 경쟁 관계에 있던 북위가 고구려를 자

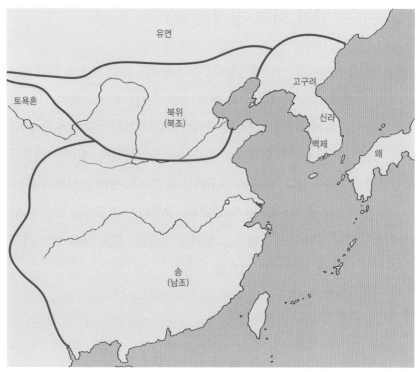

● 자료 5. 5세기의 동아시아

기편으로 끌어들이기 위한 정책적 배려라고 볼 수도 있다. 하지만 고구
려가 힘이 없었다면 불가능한 일이었다.

　이런 관계는 『위서』에서도 그대로 나타난다. 480년 남제는 송을 무너
뜨리고 새로운 왕조를 세웠다. 이 틈을 타서 북위는 남제를 정벌하려고
군사를 일으켰지만 실패하고 말았다. 이에 앞서 남제는 송이 하던 대로
고구려를 인정하는 책봉 칭호를 보냈다. 고구려는 위 사료에서 나오듯이
481년 남제에 답례 사절을 보냈다. 이 사신이 도중에 북위에 붙잡히자
북위는 고구려를 나무라는 글을 보냈다.

남제 황제는 임금을 죽이고 양자강 남쪽에서 왕위를 훔쳤다. 짐이 지금 그 나라를 멸망시키고 옛 나라를 일으켜서 송의 성씨를 이어주려고 한다. 그런데 경은 국경을 건너뛰어 바깥과 사귀면서 멀리 찬탈한 도둑과 내통하고 있으니, 이 어찌 책봉을 받은 신하가 절개를 지키는 도리인가?(『위서』)

그런데 어찌된 일인지 북위는 순순히 사신을 돌려보냈다. 군대를 보내겠다는 위협 대신 대의명분을 내세워 점잖게 타이르고 있다. 왜 그랬을까? 북위는 남제가 있는 한 고구려를 공격할 수 없었을 것이다. 어설프게 공격했다가 고구려가 남제와 손을 잡는다면 감당하기 어렵게 될 터였다. 491년 장수왕이 사망하자 북위가 보인 행동은 이를 잘 보여주고 있다. 북위 황제는 몸소 상복을 입고 제단을 마련하여 애도를 표시하였다. 게다가 고구려에 조문 사절을 보내어 죽은 장수왕에게 책봉 칭호를 내렸다.

그렇다면 고구려는 비록 명분이라고는 하지만 왜 북위 및 남제와 책봉 조공 관계를 맺었을까? 고구려는 두 나라 모두에게 책봉을 받아 중국과 무력 충돌을 피하고자 하였다. 주변 지역으로 세력을 넓히려면 되도록 중국과 충돌을 피하는 것이 유리하였기 때문이다. 물론 남북 두 나라에서 선진 문물을 받아들일 필요성도 크게 작용하였을 것이다.

백제와 왜국이 책봉을 요청한 이유는 무엇일까?

백제와 왜국이 중국과 책봉 조공 관계를 맺은 까닭은 조금 다른 것 같다. 다음 기록을 살펴보자.

모대(백제 동성왕)가 490년에 상소문을 올렸다. "신이 보낸 … 세 사람은 지조와 행실이 맑고 깨끗하고 … 목숨을 바쳐 충성하였습니다. 마땅히 작위를 올려야 할 것이므로, 삼가 지금까지 그랬던 것처럼 각기 임시 관직을 내렸으니 … 정식 관직을 내려주기를 엎드려 바라옵니다." 황제가 이를 허락하고, 아울러 장군 칭호와 태수직을 내려주었다. (『남제서』)

기록에서 백제는 남제의 황제에게 백제 왕의 신하들에 대하여 관작을 내려줄 것을 요청하고 있다. 이를 통해 두 가지 사실을 알 수 있다. 하나는 백제 왕이 미리 장군직과 태수직을 자신의 신하들에게 내리고, 이를 남제의 황제가 인정해 주었다는 것이다. 또 하나는 이러한 일은 이번만이 아니라 전부터 계속 있었던 관례라는 것이다. 이런 점들이 갖는 의미는 무엇일까? 남조의 황제가 백제 왕의 신하들에게 관작을 내려주는데, 그것도 백제 왕이 미리 내린 임시 직책이 항상 중국 황제에게 그대로 인정되었다는 점에서 백제 왕의 권위를 보장받는 측면이 있을 것이다.

왜국은 478년 중국 송의 황제에게 책봉을 요청하였다. 송 황제는 왜국 부(武) 왕에게 "사지절 도독 왜 신라 임나 가라 진한 모한 육국제군사 안동대장군 왜국 왕(使持節 都督 倭 新羅 任那 加羅 秦韓 慕韓 六國諸軍事 安東大將軍 倭國王)"이라는 칭호를 내렸다. 이를 풀어보면 '황제의 명을 받들어 왜국과 신라, 임나, 가라, 진한, 모한 여섯 나라 군사를 지휘하여 동쪽 지방을 안정시키는 대장군 왜국의 왕'이라는 뜻이다. 원래 왜국 왕 부(武)는 여기에 백제를 넣어 '7국제군사'를 요청하였으나 송은 백제를 빼고 6국제군사만 허락하였다. 왜 그랬을까? 백제는 이미 송 원년(420)에 진동대장군에 책봉되었다. 왜국이 백제에 대해 지배권을 요구한다 해도 송은 이를 인정할 수 없었던 것이다.

중국 왕조 장군 칭호	동진		송			제		양	
표기대장군 표기장군								고	
차기대장군 차기장군						고			고
정동대장군 정동장군		고	고						백 왜
진동대장군 진동장군	백		백				왜	백	
안동대장군 안동장군				왜	왜				
장군호 연도	372	413	420	438	451	463	479	480	502

● 자료 6. 중국 왕조가 내린 책봉 칭호(고: 고구려, 백: 백제, 왜: 왜국)

그렇다면 신라나 가라는 왜국의 지배 아래 있었다는 말인가? 그렇지 않다. 칭호에 기록된 지역 이름과 실제 지배는 일치하는 것이 아니기 때문이다. 예를 들어 중국 서북부 지방인 하서(河西)를 관장하는 '도독하서제군사(都督河西諸軍事)'는 하서, 토욕혼(吐浴渾), 탕창(宕昌)의 왕에게 동시에 수여되기도 했다.

결국 송은 직접 관련이 없는 나라에 대해서는 왜국이 요구한 대로 들어준 것으로 볼 수밖에 없다. 이는 자료 6에서 보듯이 송이 왜에게 내린 장군 칭호보다 백제에 내린 칭호가 더 높은 것에서 잘 드러난다. 앞서 남제가 북위에 자신과 고구려를 같이 취급하는 데 항의하는 것에서 보듯이, 조공하는 나라들 사이에도 분명한 서열이 있었다. 서열은 외교적 필요성뿐 아니라 국력을 반영하고 있다. 자료 6에서 볼 수 있듯이 고구려가 백제보다 높은 장군 칭호를 받은 것도 이 때문이다.

그렇다면 왜국 왕이 허울뿐인 7국제군사에 그렇게 매달린 까닭은 무엇일까? 아마도 국내에서 자신의 권위를 높이는 데 도움이 된다고 판단하였기 때문일 것이다. 물론 백제와 왜국 두 나라가 선진 문물을 받아들이기 위해 책봉 조공 관계를 맺은 것은 다시 말할 필요도 없다.

소책봉 체제란 무엇일까?

주변국의 통치자들은 중국과 책봉 조공 관계를 맺어 지배 영역 내에서 권위를 확립하고, 나아가 그들의 주변 국가에 대해서도 지배적 지위를 얻으려 했다. 이들 가운데에는 스스로를 중심으로 삼아 주변국과 또 다른 책봉 조공 관계를 설정하려 했던 모습이 나타난다. 이것을 '소책봉 체제'라고 부른다.

중국 길림성 집안(集安)에 있는 고구려의 광개토왕비에는 "백제와 신라는 예로부터 속민으로 고구려에 조공해 왔다"고 기록되어 있다. 고구려 장수왕이 한반도 중부 지방에 세운 중원고구려비는 신라 왕을 '동이 매금'이라고 부르고 있다. '매금'이란 신라 왕을 가리키는 용어이다. '동이(동쪽 오랑캐)'라는 말에는 고구려를 중심으로 신라를 보는 시각이 나타나 있다. 또한 중원고구려비에는 "고구려 측이 신라 왕에게 의복을 내려 주었다"는 내용도 나온다.자료 7 의복의 하사는 상하 관계를 확인하는 의식으로, 중국의 왕조와 조공국 사이에서 널리 행해졌다. 고구려는 이 의식을 통하여 신라가 고구려의 조공국임을 재확인한 것이다.

한편 왜국에서는 7세기 후반 덴무(天武)·지토(持統) 천황 시기에 율령

"신라 영토 내에 고구려군이 주둔하다."
"(고구려 왕이) 매금에게 의복을
 내려 주다."

● 자료 7. 중원고구려비

체제가 만들어지고, '일본'이란 국명과 '천황'이란 칭호를 쓰기 시작했다. 천황이 천황이기 위해서는 조공국이 필요했다. 일본이 율령에서 신라와 발해를 조공국으로 삼고 당나라를 '이웃 나라', 즉 대등한 국가로 규정한 것은 이 때문이다. 그러나 이는 어디까지나 일본의 바람일 뿐이었다. 당에서는 당에 파견된 일본 사신을 여전히 '조공사'라 불렀으며, 대우도 기본적으로 다른 조공 사절과 차별을 두지 않았다. 신라도 당연히 일본의 주장을 인정하지 않았다.

　신라 또한 스스로를 대국으로 인식하고 일본을 조공국으로 생각했다. 예를 들면 734년 일본에 갔던 신라 사신은 스스로를 '왕성국'의 사자라고 하다가 일본에서 쫓겨났다는 기록이 있다. '왕성국'이란 "신라를 종주국으로 하고 주변 여러 나라를 조공국으로 삼았다"는 의미를 갖고 있

"40여 년간 왕위에 있는 동안 한 번도 전쟁으로 백성들을 놀라게 하거나 시끄럽게 한 적이 없는 태평성세였다. 그러므로 사방 이웃 나라들이 멀리서 와서 주인으로 섬겼으며 오직 흠모하는 마음만 있을 뿐, 일찍이 화살을 겨누고 넘보는 자가 없었다."

● 자료 8. 성덕대왕신종

다. 771년에 만들어진 성덕대왕신종에는 자료 8과 같이 "사방 이웃 나라들이 멀리서 와서 주인으로 섬겼다"는 글이 새겨져 있다.

'왕성국'이라는 표현과 "사방 이웃 나라들이 멀리서 와서 주인으로 섬겼다"는 사례를 통해서 신라는 스스로를 세계의 중심 국가로 생각하고 있었음을 알 수 있다. 이와 같이 고구려, 신라, 왜 등은 책봉 조공 체제라는 틀 속에서 중국과 교류하였고, 그 영향을 받아 스스로를 중심으로 생각하는 소책봉 체제를 만들어 갔다. 자! 그럼 책봉 조공 체제는 동아시아 여러 나라에 어떤 영향을 끼쳤는지 생각해 보자.

신라와 일본의 경제 교류

● 자료 9. 안압지 출토 금동 가위①와 쇼소인의 금동 가위②

당시에는 책봉 조공 체제를 바탕으로 한 교류와 함께 승려, 상인 등의 교류도 활발했다. 자료 9를 보자. 이 가위들은 재질, 크기, 모양 등이 마치 한 사람의 장인이 만든 것처럼 비슷하다. 가위 날 위에 붙여 놓은 둥근 모양의 동판을 보면 그 용도가 초 심지를 자르기 위한 것임을 알 수 있다. 8세기 일본의 귀족들이 신라 사절단이 가지고 온 교역품을 구입하기 위해 자신들이 살 물품의 이름과 수량, 총 가격을 기록하여 일본 관청에 제출한 문서인 「매신라물해」를 보면, 신라에서 촛대를 구입한 사실이 있다. 따라서 쇼소인(正倉院)의 금동 가위는 촛대와 함께 신라에서 세트로 들어온 것으로 볼 수 있다.

'왜국'에서 '일본'으로

대부분의 일본인은 일본 고대사는 일본열도 내의 요인만으로 변화했으며, 수와 당에 보낸 외교 사절단은 예외적인 일이라고 생각한다. 그러나 7세기 후반에 율령 국가가 성립되고, '왜국'에서 '일본'으로 나라 이름을 바꾸고, '대왕'을 '천황'으로 바꾸어 부른 것은 동아시아 국제 관계의 영향 때문이었다. 어떤 영향이 있었던 것일까?

수의 책봉 체제

589년 수가 중국을 통일했다. 그 후 얼마 지나지 않아 삼국은 바로 수에 조공을 했다. 백제 왕은 중국 황제로부터 '대방군공 백제 왕'으로, 고구려 왕은 '요동군공 고구려 왕'으로, 신라 왕은 '낙랑군공 신라 왕'으로 임명받아 책봉 체제 내의 조공국이 되었으며 각각 영토의 지배를 공인받았다. 책(冊)은 국왕으로 임명한 문서를, 봉(封)은 받은 영토를 말한다. 황제로부터 책봉을 받아 군신 관계를 맺은 국왕들은 정기적으로 조공을 하고 하사품을 받았다.

왜국이 수에 조공한 것은 600년부터이다. 『수서』는 607년 일본이 보낸 국서에 대해 다음과 같이 기록했다.

> "해가 뜨는 나라의 천자가 해가 지는 나라의 천자에게 국서를 보냅니다. 건
> 강합니까?" 황제는 이것을 보고 불쾌해했으며 "야만국의 국서인데 무례하
> 구나. 두 번 다시 상대하지 말라"고 말했다. (『수서』 왜국전)

수 황제는 동쪽의 오랑캐 나라인 왜국 왕이 중국 황제와 똑같이 '천
자'라 칭했기 때문에 화를 냈다. 근대 일본은 당시 수에 보낸 외교 사절단
이 수와 대등한 자세로 외교를 벌였다고 보고 그것을 높이 평가했다. 그
러나 왜국은 바다 멀리 떨어져 있기 때문에 책봉은 면제되었지만, 중국
황제에 조공했다는 점에서는 백제·신라·고구려와 같은 조공국이었다.

당의 성립과 다이카 개신

618년 고구려 사신이 왜국을 방문해 수의 멸망과 당의 건국을 알렸다. 고
구려·신라·백제는 바로 당에 조공을 해서 각각 '요동군왕 고구려 왕'·
'낙랑군왕 신라 왕'·'대방군왕 백제 왕'으로, 군공에서 군왕으로 승격 임
명되었으며, 책봉 체제가 부활했다. 왜국은 630년에 조공했는데 바다 멀
리 있기 때문에 해마다 보내는 조공을 면제받는, 책봉 체제 외곽의 조공
국이 되었다.

623년 수에 가 있던 왜국 유학생들이 신라 사절단을 따라 귀국했다.
그들은 국력이 강하고 법률 등 여러 제도가 충실한 당나라에 조공을 할
것과 유학생들의 귀국을 재촉할 것을 정부에 진언했다. 그 결과 많은 유

학생들이 신라를 거쳐 왜국으로 귀국했다.

그 즈음 왜국의 정국은 불안정했다. 소가 씨가 천황가와 정치 주도권 문제를 놓고 대립했기 때문이다. 천황가와 대호족의 자제들은 귀국한 유학자의 학당에 모여 당과 신라의 최근 상황과 수와 당의 율령 제도를 배우면서, 장래 왜국의 국가에 대한 구상을 했다.

645년 아스카(나라 현)의 궁전에서는 성대한 의식이 거행되었다. 나카노오에 황자 등은 한창 의식이 진행되던 중 쿠데타를 일으켜 소가 씨를 죽였다. 그 후 나카노오에 황자는 율령 제정을 목표로 정치 개혁을 시작했다.

그러나 660년 당의 황제가 신라의 요청에 응해 수륙 10만 명의 백제 원정군을 파견하여 백제를 멸망시켰다. 왜국은 백제의 구원 요청을 받아들여 대군을 한반도에 보냈다. 그러나 663년 왜군은 백강 전투에서 당의 수군에게 크게 패했다. 왜국은 신라와 당의 공격에 대비해 쓰시마, 이키, 쓰쿠시에 병사를 주둔시키고, 다자이후에 수성(水城)을 쌓아 방비를 강화했다. 668년에는 고구려도 신라와 당의 연합군에게 멸망했다. 그 후 신라는 당의 세력을 배제하면서 676년에 한반도를 통일했다. 왜국은 백제·고구려처럼 멸망당하지 않기 위해 정치 개혁에 박차를 가했다.

다이호 율령의 제정

나카노오에 황자는 668년 즉위해서 덴지 천황이 되어, 신라와 국교를 회복하고 율령 제도를 지향하는 정치를 계속 했다. 670년 왜국에서 처음으로 전국적인 호적을 작성했다. 이로써 정부는 전국의 인구를 파악할 수 있게 되었고, 조세 징수나 병사의 수를 미리 파악할 수 있게 되었다.

또 율령 제도를 도입함으로써 국가는 조세나 병사 등을 관리하는 관료 조직을 만들고, 귀족들의 다양한 의견을 국가의 의사로 통일하는 행정 기구를 확립할 수 있었다. 당과 신라의 연합군에 의해 백제와 고구려가 연이어 멸망하는 모습을 보고, 왜국은 자신들도 그렇게 되지 않으려면 천황 중심의 중앙집권 국가를 만들 필요가 있다고 생각했다.

673년에 즉위한 덴무 천황은 율령 제정, 국사 편찬, 수도 건설을 시작했다. 덴무 천황의 정치를 계승한 지토 천황은 율령을 시행하고, 그것을 기반으로 50호를 1리로 하는 호적을 작성했다. 이에 따라 조세와 병력의 전국적인 동원 체제가 확립되었다. 중국의 도성을 본떠 아스카 지방에 후지와라쿄(나라 현 가시하라 시)를 완성하고, 694년에 천도했다. 701년 다이호 율령을 공포하고 중앙집권을 위한 관료 조직을 확립하였다. 다음 해에 7차 견당사를 파견했는데, 그때 처음으로 외교문서에 '일본 천황'이라는 명칭을 사용했다.

다이호 율령에 규정된 중앙관청은 제사를 담당하는 신기관(神祇官)과 행정을 담당하는 태정관(太政官) 아래에 8성이 직무를 분담하는 2관 8성 제도였다. 또 각 관청의 관리는 장관, 차관, 판관, 주전의 4단계 관제로 구성되었다.

지방은 국, 군, 리(나중에 향으로 바뀜)로 나누었으며, 각각 국사(國司), 군사(郡司), 이장이 통치했다. 국(國, 지금의 지방 각 현에 해당하는 행정단위)은 66개였다. 관리의 지위는 9단계(28종류)로 나눌 수 있는데, 5위 이상을 귀족이라 불렀다. 귀족과 그 이하 관리에 대한 대우는 차이가 컸다.

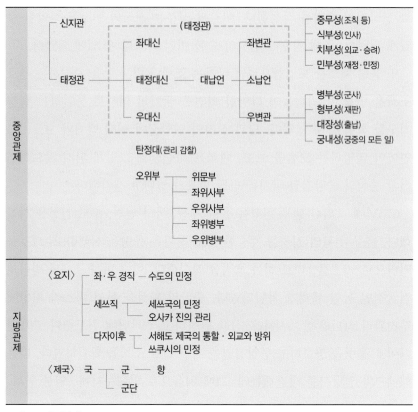

● 자료 1. 율령관제(중앙과 지방)

또 백성들은 양민과 천민으로 크게 구별되었고, 천민은 주로 인구의 약 10퍼센트를 차지하는 공공 기관의 노비와 개인 노비였다.

율령 편집 작업이 진행되던 673년에서 701년까지 29년 동안 왜국이 견당사를 한 번도 보내지 않았던 것에 비해 신라사(신라의 외교 사절단)는 21차례나 일본에 왔고, 견신라사 역시 8차례나 파견했다. 율령의 편찬은 수와 당의 율령을 모델로 삼아 진행되었지만, 신라 율령의 영향도 받았다. 예를 들면 태정관이 8성을 통괄하는 제도나, 4등 관제 등은 당의 율령이 아니라 신라의 율령에서 받아들인 제도이다.

　율령 제도를 바탕으로 수도 주변의 대호족들이 천황을 중심으로 단결해서 지방 호족을 지배하는 체제가 확립되었고, 왜국은 전에 없던 안정을 누리게 되었다.

율령 제도와 농민

율령 제도에 따르면, 공민(公民)은 호적에 등록되었다. 6년을 주기로 남성에게는 2단(약 23아르), 여성에게는 그 2/3의 토지가 지급되었다. 그 대신 조·용·조의 세를 납부하고, 용수로나 도로 수리와 병역을 부담했다. 병사는 지방의 군단에 소속되었으며, 일부는 수도 경비를 위한 병사와 북규슈 연안을 지키는 병사로 파견되었다.

　율령 정치를 시행하기 위해 수도에서 각 지방에 국사를 지방관으로 파견했다. 국사는 풍작을 기원하고 해당 지역을 순시하면서 농경과 양잠, 직물 등 노동의 의무를 백성들에게 가르치고 조세를 징수했다. 또 그 지방의 호족인 군사는 저수지, 제방, 용수로를 수리하게 하고, 봄에는 종자를 분배했다. 이는 권농을 위한 국사와 군사의 의무였다.

　그러나 봄에 빌려주는 곡식의 이자는 국사와 군사 등이 근무하는 관청의 주요한 재원이었다. 그 이자로 관리들의 국내 출장비나 정부에 보내기 위한 조공품 구입비, 관사나 사원·신사의 수리비, 국사의 급여 등을 지불했다. 국사와 군사 들이 관청의 재원을 늘리기 위해 강제로 곡식 씨앗을 빌려주자 민중의 생활은 궁핍해졌고, 본적지를 떠나 도망치는 사람들이

가족구성	이름	나이	구분	특징
호주	이즈모노오미 히로타리	69	기로(耆老)	오른뺨 점
아내	니시케베노이이데메	61	처(老妻)	오른뺨 점
아들	이즈모노오미 마유카	34	정정(正丁)	화동 5년, 이즈모 국으로 도망
아들	이즈모노오미 야마무라	26	정정(正丁)	오른쪽 귀밑 점, 태정대신 가의 시종
아들	이즈모노오미 츠기마로	25	정정(正丁)	
아들	이즈모노오미 하타가츠	20	소정(少丁)	화동 5년, 이나바 국 아마 군으로 도망
딸	이즈모노오미 시즈카 히메	21	정녀(丁女)	왼뺨 점
딸	이즈모노오미 타마메	21	정녀(丁女)	화동 5년, 이나바 국으로 도망

● 자료 2. 마을 계장에 기록된 이즈모노오미 히로타리의 가족 사항

늘기 시작했다. 개발을 위해 이주하는 경우도 호적에는 도망이라고 기록
한다.

　나라 도다이지(東大寺)의 쇼소인에는 8세기의 고문서가 약 1만 점 있
다. 그 속에 호적과 계장이 있는데, 이를 통해 고대 가족이나 마을의 생
활상을 알 수 있다. 726년의 야마시로 국 오타기 군 이즈모 마을 계장에
기록된 이즈모노오미 히로타리의 가족을 살펴보자. 계장은 호적을 근거
로 매년 작성하는 과세 대장이다. 고대의 농민은 국, 군, 향으로 구분되
는 행정구역 내에 본적을 정하고, 호적에 등록되었다. 계장에는 이름, 연
령, 그 밖에 점이나 상처 등 개인을 식별할 수 있는 특징을 기록하여, 허
위 신고를 방지하거나 도망갔을 때 그 사람을 색출하는 역할도 했다.

　이즈모 향(현재의 교토)에 사는 이즈모노오미 히로타리는 32명을 거느
린 대가족이다. 아들은 높은 귀족의 시종으로 근무했다. 새로 전입한 가
족 7명도 포함되었다. 이렇게 유력한 집안에서도 9명이 도망했다. 특히
오미마로의 5인 가족은 17년 전인 709년에 3명, 712년에 2명이 도망쳤
다. 결국은 일가족 전부가 도망간 셈이다. 이즈모 향 전체에서는 성인 남

성의 13퍼센트와 성인 여성의 20퍼센트, 남자 노비 40퍼센트와 여자 노비 18퍼센트가 도망쳤다. 노비들이 도망친 곳은 알 수 없었다. 도망간 농민이나 노비를 같은 지역에 사는 사람들이 잡아오면 군사가 처벌하는 규정이 있었다. 그럼에도 불구하고 도망하는 사람이 늘어나자, 정부는 본적지와 도망지에서 이중으로 세금을 부과했다. 도망친 사람 중에는 개발지를 찾아 이주한 사람도 포함되어 있었다. 다이호 율령에는 '이주'라는 개념이 없었기 때문이다.

일본의 책봉 체제

일본은 당에 조공을 하면서, 자신들 역시 책봉 체제 외부에 별도의 소책봉 체제를 구축하려 들었다. 그래서 국내에는 동북 지방의 에미시(동북 지방의 원주민)와 규슈 남부의 하야토(규슈 남부 지방의 원주민)를 오랑캐로 간주하여 조공을 강요했고, 국외에서는 신라와 발해를 번국으로 간주하여 조공을 요구했다.

일본은 대보율령이 성립하자마자 이런 소책봉 체제를 실현하기 위해 하야토와 에미시에 대해 무력으로 조공을 강요했다. 지금까지 했던 무역을 조공 무역으로 바꾸려고 했다. 이에 반발한 하야토는 오스미(가고시마현) 국사를 죽였고, 에미시는 지방행정감찰관을 살해했다. 결국 이와 같이 국가정책이 억압적으로 변화하자 지역의 저항을 야기하였고, 그 저항은 전쟁으로 확대되기도 했다. 소책봉 체제를 만들어 변방의 백성들에게 조공을 강요하기 위해서는 군사력을 행사해야 했고, 당연히 백성들의 희

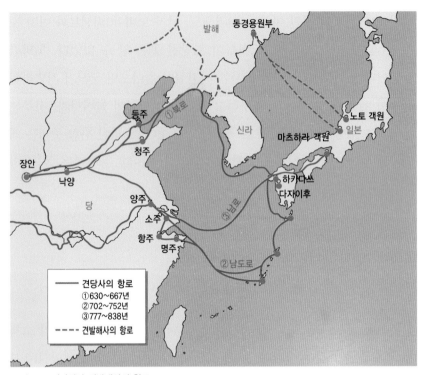

● 자료 3. 견당사와 견발해사의 항로

생이 따랐다.

　일본은 신라와 발해를 번국으로 인식하고 조공을 요구했지만, 당에는
스스로 조공했다. 7세기에 일본이 당에 외교 사절단을 보낼 때는 한반도
의 서해 연안을 따라 산동반도로 가는 안전한 북쪽 길을 선택했다. 그러
나 8세기에 신라와 사이가 나빠지면서부터 동중국해를 횡단하는 위험한
남쪽 길을 택했고, 그래서 조난당하는 일이 많았다. 자료 3

　당에 가는 외교 사절단은 대사, 부사, 유학생, 유학승, 기술자, 의사,
통역, 뱃사공 등 500여 명이었다. 그들은 4척의 배에 나누어 타고 당으

로 가서 외교 이외에 학문, 불교, 각종 기술을 배우고, 서적, 경전, 약, 악기 등 많은 문화재를 하사받아 일본에 돌아왔다. 일본에서 보낸 조공품은 은, 마노(청옥), 동백기름, 칠기, 비단, 삼베 등이었다.

백강 전투 후 당과 대립한 신라는, 668년 이후 왜국에 사절을 자주 파견했다. 『일본서기』의 속편인 『속일본기』는 신라와 일본의 관계를 다음과 같이 기술하고 있다. 734년 일본에 온 신라 사절은 신라를 '왕성국(王城國)'이라고 하면서 대등한 외교를 하려 하다가 다자이후에서 추방되었다. 또 743년 신라에서 온 사절은 조(調)를 '토모(土毛)'라고 했다가 다자이후에서 추방되었다. 조는 조공국이 보내는 공납품이지만, 토모는 단지 그 지방의 산물을 말하는 것이었다. 752년 도다이지 대불이 완성되었을 때, 일본의 초대를 받은 신라 왕자 등 700여 명이 일본에 와서 교역을 하고 도다이지에 경전을 바쳤다. 이때 일본은 국서에 의한 공식적인 외교를 하자고 했다. 그러나 769년의 신라사는 조를 '토모'라고 했다가 다자이후에서 추방되었고, 774년의 신라사는 조를 '선물'이라고 칭하다가 다자이후에서 신라로 되돌아가야 했다. 이런 일이 있었지만 다자이후에서는 일본과 신라의 교역이 지속되었다.

수·당과 일본의 외교는 이전부터 문서로 이루어졌지만, 일본과 신라의 외교는 주로 구두로 이루어졌다. 교역품이 '조'인가 '토모'인가 하는 견해의 차이는 구두 외교에서는 통역이 있기 때문에 중간에서 조정할 수 있었다. 그러나 다이호 율령 성립 후에는 중국처럼 문서 외교를 해야 했기 때문에 구두 외교에서 통역이 했던 문제 해결 방식은 더는 유효하지 않았다. 752년의 경우, 대장성은 귀족들에게 신라 사절이 가져온 귀중한 향료, 약, 염료, 가구 등을 구입하기 위한 「매신라물해(신라 물건 구입 신청서)」를 제출하게 했다. 신라 사절을 통해 해외의 물건을 입수할 수 있게 된 것은 천황의 은덕 때문이며, 그러자면 신라와의 교역을 일방적으로 조공으로 간주할 필요가 있었다. 그러나 신라는 이미 중국 책봉 조공 체제에 속해 있었으며, 일본에 대해서는 대등한 입장을 관철하려 했기 때문에 일본 소책봉 체제의 모순이 표면화된 것이다.

698년에 고구려의 뒤를 이어 발해가 건국했다. 발해는 당과 대립하면서 727년에 처음으로 사신을 일본에 파견했다. 『속일본기』의 기술에 따르면 일본은 이것을 '조공사'로 간주하고 수도에 들어오는 것을 허락했다. 그러나 771년의 발해사는 일본과 대등한 입장의 국서를 제출했기 때문에 일본 정부는 발해의 국서와 물건을 되돌려 보냈다. 773년에 방문한 발해사의 국서도 변함없이 대등한 것이어서, 수도에 들어오는 것을 허락하지 않고 그대로 돌아가게 했다. 발해도 일본과 대등한 입장을 관철하려 했는데, 일본은 이를 인정할 수 없었기 때문에 외교 관계가 성립되지 않았다. 그래도 무역을 목적으로 한 발해 사절단의 왕래는 200년간 지속되었다. 발해사는 모피와 인삼과 꿀 등을 가져와서 일본의 비단옷감·비단실 때로는 금, 수은, 칠기, 동백기름 등과 교역했다. 일본은 이시카와 현과 후쿠이 현에 각각 노토 객원과 마쓰바라 객원을 설치해 발해사를 접대하면서 교역을 했다.

동아시아 세계에 이미 당의 책봉 체제가 있는데, 일본이 다시 신라와 발해를 소책봉 체제에 편입하려 한 것은 무리였다. 국내에서도 무력으로 에미시·하야토를 소책봉 체제에 편입시키고 교역을 조공으로 바꾸었지만, 변방 백성들의 저항으로 말미암아 9세기 초에는 파탄 상태에 이르렀다. 국외에서도 신라와 발해는 일본의 소책봉 체제를 처음부터 인정하지 않아, 교역을 조공으로 바꿀 수 없었다. 그러나 교역은 교역대로 지속되었다.

9세기 말, 당에서는 내란이 끊이지 않았다. 일본은 거액의 비용을 들여가며 당에 외교 사절단을 파견할 필요는 없다고 생각하고, 894년에 파견을 중지했다. 당은 907년에 멸망하고, 960년에 송이 세워졌다. 그러나 당과 송 상인의 내항은 활발해졌다. 규슈의 하카타에서는 귀중한 서적, 경전, 도자기 등이 수입되었다. 승려들은 당·송 상인들의 중재로 중국에 유학을 떠났고, 중국 각지에 거류하고 있던 신라 상인들의 도움을 받았다. 그러나 신라는 계속되는 내란으로 망하고, 936년에 고려가 한반도를 통일했다. 발해는 무역을 목적으로 10세기 초까지 내항했지만, 926년에 요(거란)에게 멸망당했다. 이렇게 해서 동아시아의 율령 국가는 줄지어 교체되고, 일본의 율령 체제는 사회 변화에 대응하면서 운용되었다.

2부
동아시아 변동의 시대

한국연표	중국연표	일본연표

935년 | 다이라노 마사카도의 난

936년 | 고려의 후삼국 통일

960년 | 송 건국

993년 | 거란(요)의 침입

1016년 | 후지와라 미치나가, 섭정 됨

1107년 | 윤관, 여진 정벌

1156년 | 호겐의 난

1170년 | 무신정변

1185년 | 미나모토노 요리토모,
가마쿠라 막부 세움

1196년 | 최충헌 집권

1221년 | 조큐의 난

1231년 | 몽골의 침략

1232년 | 강화도 천도

1270년 | 삼별초 항쟁

1271년 | 원 제국 성립

1274년 | 여원 연합군, 일본 1차 침략

1274년 | 문영의 역

1281년 | 여원 연합군, 일본 2차 침략

1333년 | 가마쿠라 막부 무너짐

1338년 | 아시카가 다카우지,
무로마치 막부 세움

1350년 | 왜구의 출현

1368년 | 원 제국의 멸망, 명 건국

1376년 | 최영 왜구 정벌

1392년 | 조선 건국

1392년 | 남조와 북조의 통일

9세기 말, 신라 귀족들의 왕위 쟁탈로 혼란이 지속됐다. 그런 상황에서 지방의 호족 세력을 중심으로 후백제와 후고구려가 건국되어 후삼국의 항쟁이 시작되었다. 지방 호족의 한 사람으로 후고구려의 최고 자리에 오른 왕건이 고려를 건국했고, 호족들을 규합해서 다른 두 나라를 멸망시키고 통일했다. 고려는 과거제도를 채용하고 유교를 정치 이념으로 하는 관료제도를 정비했다. 그러나 고급 관료들의 자제에게는 과거 시험을 치루지 않고 관직에 오를 수 있게 했으며, 토지의 상속을 인정하는 등 특권을 주었다. 또 불교계는 광대한 토지의 소유를 정부에게 인정받았으며, 대규모 불교 행사와 경전 간행 사업을 벌였다.

같은 시기 일본에서는 후지와라 씨 가문이 천황과의 인척 관계를 이용하면서 고위 관직을 독점해 실권을 장악했다. 9세기 말 당에 사신을 파견하는 것도 중지, 중국 문화의 영향이 약해지면서 건축, 조각, 그림 그리고 문예 등의 분야에서 독자적인 문화가 발생했고 한자의 보조 수단으로서 가나 문자를 이용하게 되었다. 지방에서는 후지와라 씨를 비롯하여 큰 신사나 사원 들이 많은 장원을 장악했다. 지방의 유력자는 자신의 토지를 지키기 위해 무장을 하고, 주종 관계에 의해 맺어진 무사단이 각지에서 생겨났다.

고려는 11세기에 거란이 세운 요의 침략을 받았으며, 12세기에는 여진이 세운 금의 침략에 고통을 받았다. 이런 외적의 침입을 막으면서 무신의 세력이 강해졌고, 그 지위도 한층 높아졌다. 문신에 의한 정치적 차별은 무신들의 불만을 더 높여, 결국 1170년 무신 반란이 일어나 무신 정권이 수립되었다.

일본에서는 10세기 이후 지방에서 일어난 전란을 진압하고, 12세기의 후지와라 씨와 천황가가 대립하는 가운데 무장을 통솔했던 겐지와 헤이시의 세력이 강해졌다. 1185년에 미나모토노 요리토모는 헤이시와의 전투에서 승리한 뒤 가마쿠라에 무사 정권을 수립하고(가마쿠라막부), 각지의 무사를 지배하면서 지방 지배를 굳건히 했다. 그 후 호조 씨가 겐지를 대신해서 막부의 실권을 쥐고, 천황가와의 전투에서 승리해서 막부의 지위는 더욱 강화되었다. 이렇듯 무사의 사회적 지위가 상승하는 것을 배경으로, 무사와 귀족 사이에서는 지식이나 형식보다는 신앙심을 중시하는 정토종이나 선종이 무사나 귀족들 사이에서 확산되기 시작했으며, 새로운 양식의 불상 조각이 발생했다.

금을 멸망시킨 몽골은 13세기 중반에 고려를 침공했다. 고려는 30여 년간 저항했지만 1258년 최씨 정권이 무너지면서 몽골과 강화를 했다. 14세기 중반이 되자 원의 세력은 약해졌다. 고려는 반원 자주 정책을 취하고 권문세가를 억압하여 왕권의 강화를 꾀하려고 했다. 그러나 권문세가들의 대토지 소유가 확대되고, 북쪽의 홍건적과 남쪽의 왜구의 습격이 계속되면서 백성들의 생활은 파괴되었다. 왕조의 지배체제도 동요해 결국 1392년 고려는 멸망했다.

가마쿠라막부는 1274년을 비롯해 두 번의 원의 침략을 물리쳤다. 그 후 호죠 씨 가문의 독재에 대한 무사의 반감이 강해지고 각지에서 반란이 일어나면서, 막부는 1333년에 멸망했다. 이때 천황을 중심으로 하는 귀족 정치가 부활했지만 유력한 무사인 아시카가 다카우지가 다른 천황을 세워서 교토에 무로마치막부를 열고 대항했다. 1392년에 막부 측이 승리하면서 내란이 끝나고 천황을 막부의 보호하에 두었다.

무신들이 지배한 고려

1170년 고려 사회는 엄청난 변화를 겪었다. 이때까지 고려를 지배하던 문신을 대신하여 무신들이 정권을 차지한 것이다. 어떻게 무신들이 정권을 장악했으며, 어떻게 100년 동안 지배할 수 있었을까? 왜 고려는 일본과 달리 문신 지배 체제로 다시 돌아갔을까?

문신과 무신

"강감찬은 거란이 고려를 쳐들어왔을 때 나라를 구한 위대한 장군이다. 고려군 총사령관을 지낸 장군답게 그는 무술도 능했고 덩치도 컸다. 요즘 말로 무신 사관학교를 우수한 성적으로 졸업한 그는 무과에 1등으로 합격하여 초급장교 때부터 장래가 촉망되는 인재였다. 물론 집안도 대대로 많은 장군을 배출한 명문이었다."

그럴듯하지만 위 글은 거짓말투성이다. 그렇다면 어디까지가 참말일까? 나라를 구하고 총사령관을 지냈다는 말만 사실이다. 명문 문벌 귀족 집안 출신인 강감찬(948~1031)은 못생긴 얼굴에 조그만 체구로 볼품이 없었다. 그는 983년 30살이 넘은 나이에 과거 시험에 장원으로 합격하여 주요 직책을 거쳐 정승에 올랐다. 1018년 거란이 쳐들어오자 고려군 총사령관이 되어 귀주에서 적군을 섬멸하였다. 놀림을 받던 그가 정승이 되고 최고사령관에 오를 수 있었던 것은 무엇보다도 그가 무신이 아닌 문신이었기 때문이다.

문신이 되기 위한 가장 일반적인 길은 과거 합격이었다. 물론 과거에 합격했다고 해서 모든 사람이 순조롭게 최고위 관

● 자료 1. 강감찬 영정

직까지 승진할 수 있는 것은 아니었다. 명문 집안이 아니면 5품 이상의 관직에 올라가기가 쉽지 않았다. 귀족으로 대우받을 수 있는 기준이 5품이기 때문이었다. 5품 이상 관직에 오르면 그 후손은 과거를 보지 않고도 관직에 나갈 수 있는 특권을 누릴 수 있었다. 이를 음서라고 한다. 또한 공음전이라 하여 자손에게 세습시킬 수 있는 토지도 지급받을 수 있었다. 별 볼일 없는 집안 출신이 이 기준을 넘기란 쉽지 않았다.

무신도 5품 이상 올라가면 귀족으로 대우를 받았다. 문신과 마찬가지로 무신 귀족들은 대대로 장군을 배출한 집안 출신들이 많았다. 하지만 이들은 문신에 비해 차별 대우를 받았다. 이들이 올라갈 수 있는 최고

관직은 정3품까지였다. 2품 이상은 문신이 차지하고 있었기 때문이다. 이 때문에 전쟁이 일어나도 최고 지휘관은 문신이었고, 무신들은 문신이 세운 작전에 따라 전투를 하였을 뿐이다.

게다가 무신들을 뽑는 과거 시험도 없었고 무신을 위한 정식 학교도 없었다. 무신 집안 출신 가운데 필요에 따라 초급장교를 임명하였을 뿐이다. 어떻게 보면 무신들만이 누리는 특권처럼 보일 수도 있다. 하지만 잘 생각해 보면 그 반대라는 것을 알 수 있다. 왜냐하면 실력을 기를 수 있는 학교도, 그것을 인정받을 수 있는 국가 제도도 없었다는 것은 무신을 사회적으로 인정하지 않는다는 뜻이기 때문이다. 무과를 잠시 실시하다가 곧바로 폐지한 것도 이 때문이다.

무신들, 꾸준히 세력을 키우다

무신들은 사회적 차별 대우를 받으면서도 꾸준히 자신들의 위상을 높여 갔다. 자료 2에서도 볼 수 있듯이 당시 북방 유목 민족들은 앞서거니 뒤서거니 커다란 세력으로 성장하고 있었다. 이들은 송이 약해진 틈을 타 중국 내륙으로 진출하기 시작했다. 당시 고려는 북진 정책을 내세우며 송과 친선 관계를 맺고 있었다. 이런 상황에서 고려를 그냥 놓아두고 중국을 공격하는 것은 위험한 일이었다. 처음 고려를 침략한 북방 민족은 거란이었다. 거란은 993년을 시작으로 여러 차례에 걸쳐 고려를 침략했고, 그때마다 무신과 병사들은 열심히 싸웠다.

그런데도 무신들에 대한 처우는 그다지 개선되지 않았다. 요와의 전쟁

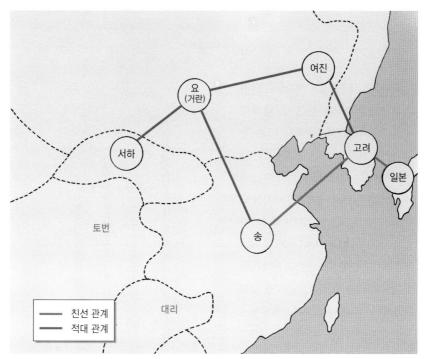

● 자료 2. 11~12세기의 동아시아

에서 큰 공을 세운 몇몇 고위 무신들은 문관직에 오르기를 바랐으나 받아들여지지 않았다. 게다가 국방비가 늘어나 관리들에게 주어야 할 토지가 부족해지자, 일부 문신들은 중앙군에게 지급한 토지를 빼앗아 해결하려고 하였다. 무신들의 불만은 이만저만이 아니었다. 1014년 마침내 몇몇 고위 무신들이 쿠데타를 일으켜 권력을 잡았다. 하지만 문신의 반격으로 100일 만에 실패하고 말았다.

한동안 움츠러들었던 무신들은 12세기에 다시 세력을 회복해 갔다. 요를 대신해 금이 세력을 키우면서 100여 년 동안 유지되었던 평화 관계가 깨졌기 때문이다. 하지만 국내의 정치적 혼란이 더 크게 작용했다. 이

새로운 세상, 민란의 시대

무인들이 정권을 잡자 백성들은 한 가닥 희망을 가졌다. 무신 가운데 노비 출신 이의민이 최고 권력자가 되는 등 천민을 포함하여 미천한 출신들이 많았기 때문이다. 어제까지만 해도 같은 노비였던 자들이 오늘은 지배자가 되어 군림하는 모습은 엄청난 충격이 아닐 수 없었다. 농민이나 노비 등 하층민들은 신분은 타고난 것이 아니고 얼마든지 바꿀 수 있다는 의식을 갖게 되었다. 어쩌면 문신 귀족들에게 빼앗긴 토지를 되찾을 수 있을지도 모른다는 희망을 갖게 되지 않았을까? 무신 정권 시기 전국에서 일어난 농민과 천민 봉기는 이를 잘 보여주고 있다. 그

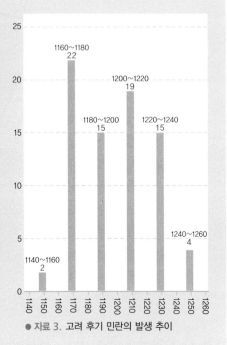

● 자료 3. 고려 후기 민란의 발생 추이

러나 무신 정권은 백성들이 바라던 기대를 저버렸다. 단지 문신들이 차지하고 있던 정치 경제적 특권을 대신 차지했을 뿐이었다.

시기 귀족 세력들은 더 큰 권력을 차지하려고 치열한 다툼을 벌였다. 심지어 왕위를 차지하기 위해 반란을 일으키기도 하였다. 이런 혼란 속에서 왕위에 오른 의종은 왕권을 강화해야 할 필요성을 절감했다. 그래서 그는 새로운 문신과 무신 들을 측근 세력으로 키워 귀족 세력들을 견제하려 했다. 측근 무신으로 성장한 세력은 견룡군이라 불린 친위군이다.

이들은 왕의 총애를 받으며 단순히 호위군에 머문 것이 아니라 정치 세력으로 빠르게 성장해 갔다.

하지만 무신 세력의 성장을 문신들은 인정하려 들지 않았다. 그뿐만 아니라 문신들은 이러한 무신들을 끊임없이 시기하고 질투하였다. 그 시샘이 어느 정도였는지 다음 사건이 잘 말해 주고 있다.

정중부는 인종 때 처음으로 견룡군이 되었다. 음력 12월 30일 밤에 대궐에서 마귀를 쫓아내는 의식에서 정중부는 여러 가지 재주를 부리며 흥을 돋우고 있었다. (중략) 갑자기 바람이 불어 촛불이 꺼져버렸다. 그때 측근 문신 김돈중(대표적인 문벌 귀족 김부식의 아들)이 촛불로 정중부의 수염을 태워 버렸다. 예전에 국왕 의종이 정중부의 수염이 매우 아름다워 가히 대장군 감이라며 칭찬한 것을 시기하고 있었던 것이다. (『고려사 열전』)

이와 같은 무신과 문신의 갈등은 의종이 환락에 빠져들면서 더욱 커져 갔다. 왕과 측근 문신들이 유희를 즐기는 동안 무신들은 여전히 왕을 호위하면서 경비를 서거나 뒷바라지를 해야 했기 때문이다. 특히 측근 세력으로 지위에 걸맞은 대우를 받지 못한 무신들은 공공연히 불만을 드러냈다. 일부 문신들이 계속 무신들을 자극했다가는 큰일이 일어날지도 모른다고 염려할 정도였다.

무신 정권의 성립

의종 24년(1170) 8월 마지막 날, 그날도 왕은 여러 문신들과 어울려 놀기 위하여 연회 장소로 가고 있었다. 그러던 중 무신들을 자극하는 사건이 일어났다. 젊은 문신이 자신보다 관직도 높고 나이도 많은 무신의 뺨을 때린 것이다. 그것도 여러 사람들이 보는 앞에서 말이다. 호시탐탐 기회를 엿보던 무신들은 마침내 거사를 결심하였다. 일행이 목적지에 도착하자마자 먼저 와 숨어 있던 무신과 병사 들은 문신들을 죽이기 시작했다. 그리고 개경 궁궐로 가서 다른 문신들도 처단했다. 가까스로 죽음을 모면한 문신 대부분은 유배를 당하였다. 살아남은 일부 문신들은 무신들을 위해 봉사해야 했다. 의종을 거제도로 쫓아내고 새로운 국왕을 세우면서 정변은 일단락되었다.

  그러나 무신 정변이 성공을 거두었다고 해서 바로 무인들의 세상이 된 것은 아니었다. 문벌 귀족들은 다시 세력을 되찾으려 반발하였고, 문신들을 진압한 뒤 무신들 간에는 권력을 독점하기 위한 치열한 다툼이 전개되었기 때문이다. 무신 정권이 수립되고 난 뒤에도 약 30여 년 동안 혼란은 계속되었다. 이런 혼란을 수습하며 마지막 승자가 되어 권력을 잡은 사람이 최충헌이다.

왕정과 무신 정권의 공존

무신 정권은 문신 중심 통치 기구와 별도로 자기 집에 권력 기구를 설치하였다. 최씨 무신 정권의 핵심 권력 기구였던 교정도감과 도방이 그 대표적인 예이다.

  교정도감은 최충헌을 반대하는 세력을 제거하고 국정을 총괄하는 중심

기관이었다. 최고 책임자인 교정별감 자리는 당연히 무신 정권의 최고 권력자가 차지하였다. 물론 임명은 왕이 했지만 그것은 형식적인 것이었다.

도방은 무신 집권자가 권력을 유지하는 데 꼭 필요한 사병 집단이었다. 도방은 신변 보호는 물론 반대 세력을 색출하고 숙청하는 데 큰 구실을 하였다. 이들이 받은 훈련과 장

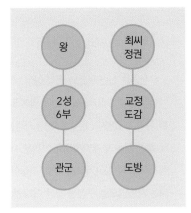

● 자료 4. 왕정과 무신 정권의 이중 지배 체제

비도 굉장하여 군사력이 관군을 능가할 정도였다.

무신 정권의 권력은 국왕을 넘어서는 것이어서 무신 정권의 최고 권력자는 스스로 왕이 될 수도 있었다. 특히 최충헌은 2명의 왕을 물러나게 하고 4명의 왕을 자신의 손으로 직접 추대하면서도 스스로 왕위에 오르지는 않았다. 왜 그랬을까?

처음 무신 정권이 세워진 때부터 반발은 끊이지 않고 일어났다. 힘없는 국왕이지만, 그 존재를 완전히 무시해 버리기에는 아직 왕실을 지지하는 세력이 많이 남아 있었다. 당장 왕을 몰아내고 직접 왕이 되기에는 상당한 부담이 있을 수밖에 없었다. 반발 세력을 무마시키기 위해서는 명분이 있어야 했다. 왕실을 그대로 유지시키고, 혼란스런 정국으로부터 왕을 보호한다는 것은 반대 세력을 진압하는 데 더없이 좋은 명분이었다. 왕을 통해 교정별감에 오르고, 왕을 통해 자기 사람들을 문무 관리로 임명함으로써 지배력도 강화하고 통치의 정당성도 확보할 수 있었다.

한편 대외 관계도 무시할 수 없었다. 당시 고려 왕실은 중국(금)과 책

사병·문객 그리고 격구

무신들은 신변 보호와 권력 쟁탈전에 대비하여 사병을 소유하고 있었다. 사병은 적게는 100여 명에서 많게는 3000여 명에 달했다. 이들은 노비나 문객이라 불리는 자들이 주류를 이루고 있었다. 문객은 어떤 사람들이었을까? 우선 장군에 소속되어 있는 군인 가운데 특정 문신과 개인적으로 가까운 사이에 있는 사람들이 문객이 되었다. 그리고 특별한 정치적 목적 없이 무리를 지어 떠돌아다니는 집단이나 폭력배 등도 포함되어 있었다. 문객은 사병만으로 구성된 것은 아니었다. 문신들도 포함되어 있었다. 무신 정권은 무신들만으로는 행정 업무 수행이 어려웠다. 이에 문객 가운데 문신들을 가려 뽑아 서방을 만들었다. 전문성을 가진 문신들을 등용하여 정치에 활용하고자 한 것이다. 이를 계기로 무신 정변 이후 권력에서 밀려났던 문신들이 본격적으로 정치에 참여하기 시작하였다.

이들은 그림과 같은 격구를 즐겼다. 격구 시합은 경기장에 좌우편 선수들이 줄지어 선 가운데 한 사람이 들어가 공을 공중으로 쳐올리는 것으로 시작된다. 선수들이 제각기 말을 타고 달려 나와 공을 빼앗아 가지고 공채로 공을 쳐서 상대방 문에 쳐 넣는 경기였다. 고려시대에 무인들은 말을 타고 싸우는 무예 실력을 기르려고 특히 격구를 즐겼다. 무신 정권이 들어서면서 격구는 군사 훈련용으로 더욱 널리 행해졌다. 최씨 정권은 이웃한 집 100여 채를 빼앗아 격구장을 만들고 늘 격구 시합을 벌이도록 할 정도였다.

● 자료 5. 고려시대의 격구

봉 조공 관계를 맺고 있었다. 무신 정권은 대체로 대외적으로 강경한 정책을 주장하였다. 비록 형식적인 것이라 할지라도 직접 왕이 되면 금에 새로이 책봉을 받아야 했다. 하지만 금이 순순히 책봉을 할 리 없었고, 이는 반대 세력에게 빌미를 줄 수 있었다.

반면에 국왕은 권력을 내주었지만, 제도적으로 대외 교섭에서는 여전히 고려의 대표자였다. 이렇게 당시 왕은 국내의 정치 상황과 대외 관계 덕분에 왕의 자리를 지킬 수 있었다. 이를 바탕으로 왕은 당장은 아니더라도 왕정 복귀를 노릴 기회를 여전히 쥐고 있었던 셈이다. 그리고 그 기회는 몽골의 침략이라는 새로운 국면 속에서 현실로 나타났다.

다시 왕정으로

거칠 것 없던 무신 정권이 1세기 만에 무너졌다. 그 이유는 무엇일까?

무신 정권의 단축에 결정적 영향을 끼친 요인은 다른 무엇보다도 몽골의 침략이었다. 최우가 최충헌의 뒤를 이어 최씨 정권을 유지해 가고 있을 무렵인 1231년, 몽골군이 대대적으로 침략해 왔다. 고려군은 곳곳에서 몽골군에 맞서 싸웠으나, 개경이 포위당하자 항복하지 않을 수 없었다. 몽골군 사령관 살리타이는 점령 지역 행정을 담당할 다루가치 72명과 소수의 주둔군만을 남겨놓고 몽골로 돌아갔다.

이 무렵 천도에 대한 논의가 제기되었다. 몽골의 재침략을 두려워한 국왕과 관리들은 천도 계획을 강하게 반대했다. 하지만 권력 유지에 위협을 느낀 최씨 정권은, 1232년 강화도로 천도를 단행했다.

최우는 강화도가 개경에서 가깝기도 하고 조류가 매우 급한 곳이어서 말을 타고 싸우는 몽골군의 침입을 막기가 수월하다고 판단했다. 백성들도 섬이나 산성으로 이주하도록 하였다. 그러나 당시의 몽골군은 유라시아 전역을 휩쓸 정도로 강하였다. 몽골군과 맞서 싸우려면 엄청난 희생을 각오하지 않으면 안 되었다. 특히 인명 피해가 극심했는데, 6차 침입 동안만 몽골군에게 사로잡힌 사람이 무려 20여만 명이었고 살해당한 사람은 이루 헤아릴 수 없을 정도였다.

몽골에 대한 항전이 계속되는 가운데 두 나라는 강화 교섭을 다시 시작하였다. 고려는 몽골군의 철수를 요구했고, 몽골은 개경 환도와 국왕이 직접 몽골이 세운 원에 입조할 것을 요구하였다. 왕을 중심으로 한 문신들은 몽골의 요구를 받아들일 것을 주장했으나, 최씨 정권은 환도가 몽골에 대한 굴복이라고 주장하면서 완강히 반대하였다. 하지만 이미 대세는 기울어 있었고 무신들의 입지는 점점 좁아졌다. 게다가 나이 어린 최의가 집권하면서 최씨 정권은 빠르게 약해졌다. 1258년 최의가 피살되면서 마침내 최씨 정권은 막을 내렸다. 이 뒤에도 무신 정권은 10여 년 동안 이어졌지만 더는 예전 같은 힘을 발휘하지 못하였다.

강화도 천도 40년 만인 1270년 국왕이 개경으로 돌아갔다. 100년을 이어온 무신 정권이 막을 내린 것이다. 그러나 개경 환도는 순조롭게 이루어지지 않았다. 삼별초를 중심으로 대대적인 저항이 일어났기 때문이다. 삼별초는 최씨 무신 정권 시기에 만들어져 무신 정권을 지탱하는 버팀목 구실을 하였다. 최씨 정권이 무너진 뒤에도 삼별초는 정권 쟁탈전에 적극 가담하여 정권 교체에 결정적인 역할을 하기도 했다. 이들은 역대 무신 정권 최고 권력자들과 밀접한 관계 속에서 정권을 보위하면서

● 자료 6. 황해도 개성시 개풍군에 있는 공민왕릉

다른 관군이나 사병들에 비해 특별 대우를 받고 있었다. 이들에게 개경 환도는 민족적 치욕이자 앞으로는 특권을 누릴 수 없게 된다는 사실을 뜻하였다. 이에 근거지를 남쪽 진도로 옮기고, 제주도에서 마지막으로 진압될 때까지 3여 년 동안 대몽 항전을 계속하였다. 삼별초 항쟁은 사실상 무신 정권의 마지막 불꽃이었다.

  자료 6은 14세기 고려 공민왕 무덤의 오른쪽 측면 사진이다. 무덤 앞에 석상이 둘씩 나란히 서 있고 석상 사이에는 단이 져 있다. 위쪽 두 석상은 문관 복장을 하고 있고, 아래쪽 두 석상은 무관 복장을 하고 있다. 공민왕 무덤 이전까지 고려 왕릉에는 무인석상이 없었다. 그런데 비록 한 단 아래이긴 하지만 무인석상이 세워져 있다. 이것은 무신 정권이 무너진 뒤에도 무신들의 지위가 어느 정도 인정되었음을 말해 주는 것이 아닐까?

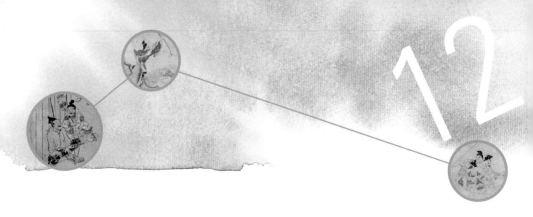

무사가 지배한 일본

10세기경에 발생한 무사는 12세기 말에 무사 정권을 세우게 되었다. 그 후 약 700년 동안 무사 정권이 지속되었다. 천황의 지위는 무사 정권의 존재에도 불구하고 여전히 남아 있었다. 그 이유는 무엇일까?

무사는 왜 생겼을까?

무사는 10세기경부터 교토와 지방에서 발생하여 그들의 지위를 상승시켜 갔다.

천황과 혈연관계를 맺은 귀족 후지와라 씨 가문은 9세기경부터 조정의 높은 지위를 독점했다. 천황과 후지와라 씨, 그리고 유력 귀족은 신변을 경호하고 저택을 지키기 위해 무예에 능한 자들을 고용했다. 일반 귀족은 지방을 지배하는 관리인 국사로 임명되어 지방에 부임했다. 그들은 옛날부터 그 지방에 살고 있던 유력 농민인 호족을 지배했다. 10세기 중반 지방에서 다이라노 마사카도의 난 등 조정에 대항하는 반란이 일어났을 때,

● 자료 1. 지방 호족의 집 앞에서 경비하는 무사

천황의 후손으로 무사가 된 겐지와 헤이시가 지방 무사들을 이끌고 반란 군을 평정했다. 이 일로 무사의 지위는 한층 높아지게 되었다.

한편 지방 호족 중에서도 주변 지역의 농민들을 이용해 지배지를 넓히 고 경제력을 강화하는 자들이 나타났다. 자료 1은 지방 호족의 집 앞에 서 경호하는 무사의 모습이다. 그들은 조세를 국가에 내지 않기 위해 교 토의 유력 귀족이나 큰 사원 또는 신사에 토지 소유권을 제공하고 자신 은 관리인이 되어 이익을 챙겼다. 이와 같이 호족과 호족의 혈연자들은 스스로 무사가 되어 다른 호족들의 약탈을 막는 한편 자신의 세력을 확 장하기도 했다.

무사 정권은 어떻게 형성되었을까?

조정 정치(천황을 중심으로 문신들이 지배하고 있던 정치)는 날이 갈수록 사유지와 사유재산을 늘리기 위한 정치로 타락했다. 이런 상황 속에서 자료 2와 같이 족장은 같은 집안인 이에노코(家子)를 통솔했으며, 그들 또한 유력 농민인 종자(로토, 郎堂)와 하층 농민을 거느리고 있었다. 모든 상급자는 하급자의 생활을 보장해 주어야 했다. 족장의 밑에 모인 집단을 무사단이라고 한다. 이들은 전쟁을 거듭하면서 대무사단으로 발전했다.

11세기 중반에 후지와라 씨의 외척이 아닌 천황이 등장했다. 천황은 겐지와 헤이시를 중용해 정치 권력을 장악했다. 큰 사원이나 신사는 무장한 승려들을 거느리고 있었기 때문에 그들과 대항하기 위해서도 반드시 무사가 필요했다. 12세기 후반에는 정치 권력을 둘러싸고, 천황 가문,

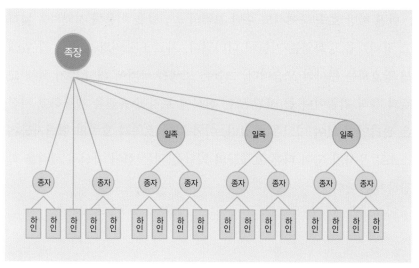

● 자료 2. 무사단의 구성

후지와라 씨 가문, 겐지와 헤이시가 복잡하게 얽히면서 큰 전란이 일어났다(호겐의 난). 이 전란에서 헤이시 가문이 승리했고, 승리에 결정적 역할을 한 것은 무사들이었다. 이후 상황(上皇)과 헤이시 가문이 정치 실권을 쥐게 되었는데, 실질적으로 본다면 헤이시의 무사 정권이 성립한 것이나 다름 없었다.

헤이시 정권은 종래의 조정 정치를 그대로 둔 채 자신들도 그 체제 속에 들어가 함께 높은 지위와 관직을 독점했다. 이에 다른 귀족이나 신사나 사원, 그리고 지방 무사들은 강한 불만을 품었다. 그런 불만을 가진 자들을 자기편으로 만든 겐지 가문은 각 지역에서 세력을 회복하여 1185년 헤이시를 멸망시켰다.

겐지 가문의 미나모토노 요리토모는 새로운 무사 정권을 가마쿠라에 세우려고 했다. 왜냐하면 가마쿠라는 조정의 힘이 강한 교토에서 멀리 떨어져 있었고, 지형적으로 산과 바다로 둘러싸여 있어 아군에게는 수비하기 좋은 지역이고 적에게는 공격하기 어려운 지역이었기 때문이다. 그리고 무엇보다 중요한 것은 가마쿠라 주변에 미나모토노 요리토모를 지지하는 무사가 많았다는 점이다. 고시라카와 상황은 예전처럼 무사 정권을 조정의 지배하에 두려고 했지만, 미나모토노 요리토모는 그렇지 않았다. 오히려 무사의 최고 지배자인 정이대장군이라는 지위를 천황으로부터 인정받으려 했다. 정이대장군은 조정이 동북 지방 지배를 위해 8세기 말에 임시로 만들었던 직책이다. 정이대장군은 조정의 관위로 보면 지위는 낮지만 군정 통치자로서 자유롭게 행동할 수 있는 권한이 있었다. 정이대장군은 점차 장군으로 불리게 되었다.

가마쿠라 무사는 어떤 생활을 했을까?

자료 3의 가사가케는 말 위에서 먼 거리에 과녁으로 놓아둔 삿갓을 활로 쏘아 맞추는 시합이다. 때로는 과녁으로 삿갓 대신에 살아 있는 개를 사용하기도 했는데, 이를 이누오우모노(犬追物)라 불렀다. 그리고 승마장에 표적 3개를 늘어놓고 말 위에서 화살로 쏘아 경쟁하는 야부사메(流鏑馬)라는 시합도 있었다.

자료 4는 정원의 나무 아래에서 세 남자가 힘을 모아 활에 활시위를 걸고 있고, 한편에서는 한 남자가 활을 당기고 있는 모습이다. 뛰어난 무사는 이렇게 탄력이 강한 활로도 정확하게 표적을 맞출 수 있었다.

여기에 소개한 『오부스마 사부로 그림 이야기』는 가마쿠라막부 후기인 13세기에 만들어진 두루마리 그림이다. 두루마리 그림은 그림과 이야기가 같이 있는 것으로, 그림 속의 오부스마 사부로는 가공의 인물이다. 거기에 다음과 같은 이야기가 나온다.

무사시노쿠니(사이타마 현)에 살고 있던 오부스마 사부로는 관동 지방에서 제일 못생긴 여자를 아내로 얻어 판자 지붕을 이은 검소한 집에 살면서 밤낮으로 무예에 열중했다. 사부로는 늘 부하들에게 "우리집 사람들은 여자 아이할 것 없이 무예에 정진해야 한다"고 하면서 거친 말을 다루면서 활쏘는 연습을 열심히 하라고 명령했다. 하급 무사들도 주인의 명령을 따라, 승마장에서 가사가케에 힘을 쏟았다. 또 여러 명이 탄력이 강한 활을 만들고, 말을 보살피거나 활과 화살을 손질하는 데 여념이 없었다.

위의 글을 읽으면 알 수 있듯이, 진정한 무사는 유흥에 빠지는 법 없

● 자료 3. 가사가케를 하는 무사

● 자료 4. 활을 당기고 있는 모습

이 활을 비롯한 무기를 손질하는 데 게으르지 않고, 말타기나 활쏘기 등 무예에 열심히 정진하는 이들이었다.

그림을 통해서 무사의 생활을 좀 더 구체적으로 살펴보자.

자료 5는 13~15세기 가나가와 현에 있던 유력 무사의 저택을 그린 상상도다. 본채의 크기는 약 13미터×9미터다. 지붕은 판자로 덮었고, 방은 마루를 깔았는데, 그 마루방 한 편에 다다미를 놓았다. 무사들 주변에는 그들이 믿는 부처님이나 조상들의 신위를 모신 건물인 지부쓰도(持佛堂)가 있었다. 그림에는 보이지 않지만, 무사 집 주변에는 풀로 지붕을 이은 농민들의 집이 모여 있다. 지주이기도 했던 무사들은 자신의 영지에 살면서 하층 농민을 부려서 농사를 지었다.

무사단의 단결은 강고했다. 그것은 상급자가 하급자의 생활을 보장해 주었기 때문이다. 즉 상급자가 가마쿠라 막부에서 받은 영지를 하급자에게 나누어 주었던 것이다. 그렇기 때문에 영지를 받아 지키는 것은 중요한 일이었다. 또 가마쿠라막부의 장군과 무사의 주종 관계도 강했는데, 그것 역시 같은 이유에서였다. 다음에 소개할 『요쿄쿠(謠曲)』의 하나인 「분재나무」는 무사와 가마쿠라막부의 관계를 보여주는 하나의 사례이다. '요쿄쿠'는 '노'의 노래를 말한다. 노는 14세기 중반에 성립된 가면극으로 노래와 춤과 하야시(피리와 북으로 반주하는 것)로 구성되어 있다.

이 노래는 약자를 위한 정치로 인기를 누린 가마쿠라막부의 집권 호조 도키요리를 소재로 14세기에 만들어졌다. 집권(執權)이란 13세기 초기부터 가마쿠라막부의 장군을 보좌하면서 정치를 행한 직책을 말한다. 장군 미나모토노 요리토모의 아내가 호조 씨 출신이었기 때문에, 결국 가마쿠라막부의 정치는 집권 호조 씨 중심으로 바뀌었다.

● 자료 5. 관동 지방의 유력 무사가 살던 저택 상상도

사노 쓰네요의 아버지는 호죠 씨를 섬기던 가마쿠라막부의 관리였는데, 억울하게 죄를 뒤집어쓰고 쫓겨났다. 쓰네요는 아내와 함께 시모쓰게쿠니(도치기현)에서 가난하게 살면서도 무사에게 중요한 말은 팔지 않았다.

눈이 내리는 어느 날 저녁, 한 승려가 쓰네요의 집을 방문했다. 그는 쾌히 승려에게 하룻밤을 묵어 가라고 했지만 방을 따뜻하게 할 땔감이 없었다. 그는 집안에 있는 분재나무를 꺾어서 방을 따뜻하게 하고 손님을 대접했다. "나는 가마쿠라 무사입니다. 막부에 큰 일이 벌어지면 바로 달려가 목숨을 걸고 싸울 각오가 되어 있습니다"라는 쓰네요의 말에 승려는 감동했다.

그 해 가을, 가마쿠라에 큰 일이 벌어졌다. 야윈 말에 채찍을 휘두르며 용감하게 가마쿠라로 달려간 그를 기다린 것은 이전에 쓰네요의 집을 찾아온 그 승려였다. 그는 다름 아닌 호죠 도키요리였다. "나는 눈이 많이 오던 날

밤에 자네 집에 머물렀던 승려라네. 그때 자네가 말한 대로 달려와 주었군"
하면서 상으로 많은 영지를 주었다.(『요쿄쿠』「분재나무」 중에서)

자료 6을 보면 알 수 있듯이, 장군은 자신의 지배하에 있는 무사를 고
케닌으로 삼아 선조로부터 받은 영지에 대한 지배권을 보호하게 하고 지
토 등의 직책에 임명했다. 그리고 새로운 공을 세우면 고케닌에게 새 영
지를 하사했다. 이것을 어은(御恩)이라고 한다. 그 대신에 고케닌은 장
군에게 충성을 맹세하고, 전투가 있으면 목숨을 걸고 나가 싸우는 의무
를 다했다.

자료 7을 보자. 가마쿠라막부라는 무사 정권이 성립한 이후에도, 조정
정치는 완전히 없어지지 않았다. 교토를 중심으로 하는 조정 통치의 영
향이 남아 있는 가운데 차츰 무사 정권의 통치가 확대된 것이다. 그래서
지토가 임명되는 지역은 제한되었다. 지토의 임무는 사유지인 장원의 영
주나 조정의 영지인 국아령(國衙領)을 관리, 지배하는 국사에게 세금을
바치는 것이었다. 그런데 무사의 영지는 분할 상속이었기 때문에 새 영
지가 추가되지 않으면 무사들의 영지는 점점 줄어들 수밖에 없었다. 상
급자가 하급자의 생활을 보장하는 것으로 강한 결속력이 만들어졌던 무
사들에게 이것은 중대한 문제였다. 그래서 지토는 세금을 거두지 않거
나, 토지나 농민을 마음대로 지배하려 했다. 지토는 장원 영주나 국사와
대립하는 일이 많아졌고, 장원 영주 중에는 어쩔 수 없이 지토에게 토지
의 절반을 나누어 주는 자도 나타났다.

1221년 고토바 상황은 무사 정권을 무너뜨리려고 난을 일으켰다. 하
지만 실패했다. 난을 진압한 막부는 고케닌을 새로이 지토에 임명하고,

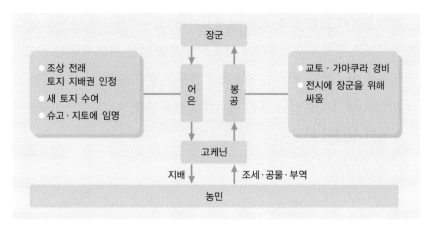

● 자료 6. 가마쿠라막부의 장군·고케닌·농민의 관계

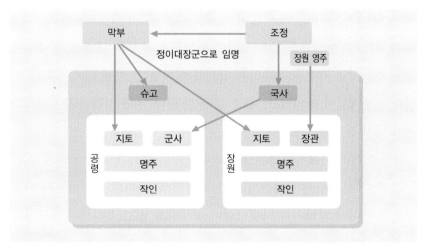

● 자료 7. 조정과 무사의 이중 지배 관계

교토와 서일본에 대한 감시와 지배를 강화했다. 13세기 후반 몽골이 침략했을 때, 막부는 규슈의 방비를 견고하게 하면서 지배를 강화했다. 그리고 사원이나 신사에는 전투의 승리를 위해 신에게 기도하라는 명령을 내리고, 사원과 신사에 대한 지배도 강화했다.

그러나 이와 같은 호죠 씨의 전제정치는 많은 무사들의 반감을 샀다. 또 무사들은 몽골과의 전투에서 새로운 영지를 얻기 위해 열심히 싸웠지만 전과는 아무것도 없었다. 몽골과의 전쟁은 방위전이었기 때문에 이기긴 했어도 영지가 늘어난 것은 아니었기 때문이다. 이 역시 가마쿠라막부 쇠퇴의 원인이 되었다.

천황은 왜 존속했을까?

아시카가 다카우지는 여러 불만 세력을 집결시켜 1333년 가마쿠라막부를 무너뜨렸다. 정권을 잡은 고다이고 천황은 무사를 냉대하고, 대신에 천황 가문이나 귀족을 우대하는 정치를 실시했다. 이에 다시 천황에 반발하는 움직임이 나타났고, 결국 긴 전란 끝에 무사 정권인 무로마치막부가 다시 정치를 주도하게 되었다.

장군 아시카가 요시미쓰는 명과의 관계를 강화하고, 일본 국왕으로 인정을 받아 천황을 능가하는 권세를 확립했다. 하지만 요시미쓰의 사후 장군의 권력이 약해지자 아랫사람이 윗사람을 밟고 올라서는 하극상의 풍조가 만연해졌다. 15세기 후반부터 '전국 다이묘'라고 불리는 각지의 유력 무사들이 자신의 영역을 독자적으로 지배하고, 서로 영지를 쟁탈하는 전란의 시대가 되었다. 무사가 아닌 천황이 정치 권력을 가질 수 없는 것은 당연했지만, 장군도 교토를 중심으로 하는 일개 지방의 지배자에 불과했다. 이런 상황 속에서 전국 다이묘들은 천황이 주는 관위나 관직이 있으면 다른 다이묘들과 격이 다름을 보여줄 수 있다고 생각했다.

예를 들면, 하시바 히데요시는 천황에게서 1585년 관백(關白)이라는 관직을 받고, 다음 해에는 도요토미라는 성을 받았다. 이것은 별로 좋은 가문 출신이 아니었던 히데요시가 다른 다이묘에게 자신의 권위를 보여주는 데 효과가 있었다. 천황도 관위를 수여하는 대신 그들로부터 돈을 받아 일정한 수입을 확보할 수 있었다. 양자의 이해가 일치하고 있었다고 볼 수 있다.

가마쿠라막부와 에도막부는 같은 막부지만 큰 차이가 있었다. 전자는 조정 지배가 상당히 강했고, 무사에게 관직을 수여할 때 천황의 의도가 강하게 작용했다. 후자는 관직 수여를 지명하는 권한을 장군이 가지고 있었고, 천황은 다만 추인하고 임명만 하는 정도였다. 더 나아가 에도막부는 천황과 귀족을 통제하기 위한 법률을 제정했는데, 천황의 역할은 학문을 닦아서 덕을 높이는 것이라고 규정했다. 정이대장군을 임명하는 것이 천황이므로, 그런 천황의 덕을 높이는 것이 장군의 권위를 높이는 것이라고 생각했기 때문이다.

고려인이 본 몽골제국과 세계

몽골군의 첫 침략을 받은 1231년 이후, 고려는 30여 년 동안 무자비하게 침략당했다. 그리고 또 다른 80년, 고려는 원이 만든 세계화된 질서 속에서 이전과는 완전히 다른 경험을 하게 되었다. 30년 항쟁과 또 다른 80년이 고려인들의 삶과 생각을 어떻게 바꾸었을까?

30년 전쟁 끝에 맺어진 강화, 새로운 80년의 시작

> 요하 동쪽에 별천지가 있으니
> 중국 왕조와 뚜렷이 구별된다
> 처음으로 풍운을 연 이가 누구냐
> 제석의 손자 단군이라

1287년 원의 일본 침략이 실패로 끝날 무렵, 이승휴가 쓴 『제왕운기』의 첫머리다. 이 서사시에서 고려 왕조의 뿌리는 삼국과 발해, 그보다 훨씬 앞선 고조선까지 거슬러 올라간다. 이는 당시의 고려인들이 아주 오래 전부터 중국과 구별되는 역사 공동체를 형성해 왔다는 인식을 하고 있음

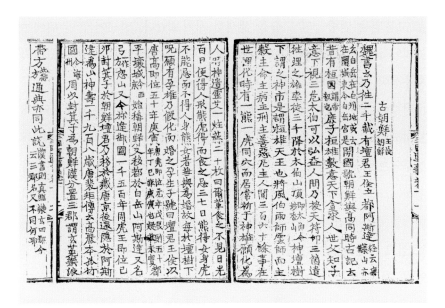

● 자료 1. 일연의 『삼국유사』

을 보여준다.

　비슷한 시기에 쓰여진 일연의 『삼국유사』도 같은 역사 인식을 보여준다._{자료 1} 국가에서 간행한 정통 역사서를 보완한다며 유사(遺事), 즉 빠뜨린 사실과 이야기라는 형식으로 발행한 이 책은 정통 역사서인 『삼국사기』와 다른 역사 인식을 보여준다. 『삼국사기』가 고구려와 백제와 신라만을 서술 대상으로 삼은 데 비해, 『삼국유사』는 삼국 이전의 국가에도 관심을 기울인다. 특히 최초의 국가 고조선을 단군이 기원전 2333년에 건국하였다고 기록한 점이 주목된다. 이 시기는 중국 신화에서 요 임금이 통치하던 시대라고 전해지는 시대이다.

　『삼국유사』의 저자 일연이나 『제왕운기』의 저자 이승휴는 모두 고려가 몽골과 오랜 전쟁을 치르던 시대의 사람이다. 그들은 몽골의 침략으로 고통받는 민중들의 모습을 생생히 지켜보았다. 전쟁이 끝난 뒤에는 고려인들이 일본 침략에 동원되고, 원의 내정 간섭이 진행되면서 고려의 자주성이 침해당하는 과정을 지켜본 이들이었다.

전쟁이 끝난 후 고려-원 관계는 '불개토풍(不改土風)'을 원칙으로 제도화되었다. 원은 처음에는 몽골군을 고려에 주둔시키고, 원의 지방 행정구역으로 편성하여 직접 통치하려 하였다. 그러나 원은 30년 동안 항쟁한 고려와 강화를 맺으면서 고려 왕실의 독립성을 인정하고, 고려의 풍속을 존중하겠다고 약속하였다. 대신 원은 고려 왕을 원 황실의 부마로 삼고 정동행성의 수장으로 임명하여, 고려 왕을 통해 고려를 지배하였다. 정동행성은 원이 일본 침략을 위해 만든 기구였으나 80여 년 동안 고려의 내정 간섭 기관으로 존재하였다. 오랫동안 유지해 온 고려의 각종 제도도 크게 바꾸지 않았다.

하지만 고려의 처지는 안타까울 정도였다. 원은 고려의 서북방 넓은 지역을 직접 지배하였으며, 강력한 군대를 앞세워 수시로 자주성을 훼손하였기 때문이다. 원 제국은 왕위 계승에 개입하였으며, 수시로 사절단을 파견하여 고려 왕을 조사하고, 고려 왕을 원의 수도로 소환하거나 강제 퇴위하기도 하였다. 그때마다 고려의 정치는 큰 영향을 받았다. 고려 왕은 국내 정치 세력에게 폭넓은 지지를 받지 못했기 때문에 일부 측근 세력에게 과도한 권위를 부여하였다. 이 같은 상황은 국왕이 바뀔 때마다 정치 세력의 충돌로 이어지면서 커다란 파란을 불러왔다. 일관성 있는 사회 정치 개혁이 시도되기도 어려웠다.

원의 내정 간섭으로 원의 세력을 등에 업은 친원 세력이 등장하였다. 몽골어 역관이나 매를 사육하여 원에 바치는 기관인 응방을 통해 출세한

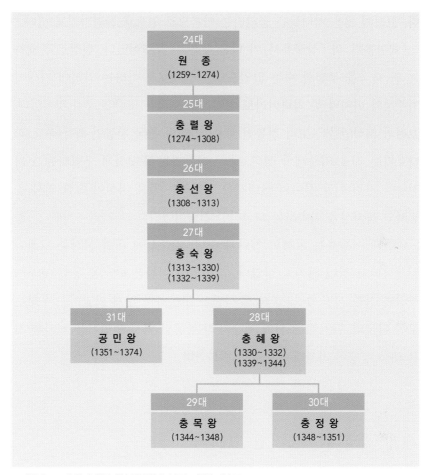

● 자료 2. 고려 후기 원종에서 공민왕에 이르는 왕위 계승도

자, 딸이나 일족이 원에서 출세하여 덩달아 출세한 자 등 친원 세력은 여러 부류가 있었다.

원 간섭기에 가장 큰 고통을 겪은 것은 백성들이었다. 원은 고려에 금, 은, 베를 비롯하여 인삼, 약재, 매 등 막대한 공물을 요구하였다. 원의 공물을 채우기 위해 고려 정부는 백성들에게 더 많은 조세를 부과하였다. 고려의 많은 처녀들은 공녀라는 이름으로 원으로 끌려가기도 했다.

『제왕운기』와 『삼국유사』가 나온 것은 이 무렵이었다. 현실로 존재하는 원 제국을 부정할 수는 없었으니, '불개토풍'이라는 원칙에 기대어 자주성의 마지막 한 자락이라도 지키려는 노력은 또한 소중한 것이었다. 고려의 지식인들은 고려 전통인 토풍(土風)이 중국 전통인 화풍(華風)과 다르다는 점을 입증해야 했다. 중국 전통과는 뚜렷하게 구별되는 고려 전통을 가진 이들 사이의 연대감을 강화하는 일은 자신이 속한 역사 공동체의 독자성을 지속하는 핵심적인 전략이었다.

일연과 이승휴는 외세의 침략과 수난, 자주성에 대한 심각한 도전이 일상화되고 있던 시기를 살았다. 그리하여 이들은 단군을 통해 고구려 사람과 신라 사람, 그리고 백제 사람을 구분하지 않게 되었다. '우리는 모두 단군의 후손, 고조선의 계승자'라는 동일 역사체 인식을 제기한 것은 대몽 항쟁이 가져다준 중요한 변화였다.

세계 제국 원, 그리고 고려

> 사내로 태어났으면 황제의 서울에서 벼슬을 해야지
> 자신을 세우려면 부지런히 공부하는 수밖에
> 천하가 작다는 공자의 말씀을 너는 기억하겠지
> 자신이 태산에 높이 올라섰기 때문이란다.

이 시는 원에서 유학 생활을 하고, 원의 과거에 합격하여 원의 조정에서 관리 생활을 했던 이색이 그의 아버지에게서 받은 학문을 권하는 시다.

이색은 원 제국이 세계의 질서를 주도하고 있을 때, 원 제국 관리의 아들로 태어났다. 그에게 원은 더 이상 저항과 탈출의 대상이 아니었다. 고려인이었던 그는 스스로 원 제국인으로서의 정체성도 없지 않았다.

돌이켜보면 그가 태어날 무렵부터 몇 차례에 걸쳐, 고려를 아예 원의 한 지방 행정구역으로 편입하자는 이른바 '입성 운동(立省運動)'이 전개되기도 하였

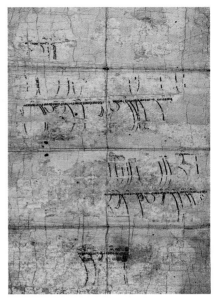
● 자료 3. 원의 대도에서 온 공문서

다. 이미 원이 세계적인 대제국으로 존재하고 있는데, 고려가 독립된 왕실을 유지하고 독자적인 문화를 고집하는 것은 시대에 뒤떨어진다는 주장이다. 고려를 원의 한 성(省)으로 편입하여 원의 관리가 다스리고, 고려인도 몽골인으로 사는 것이 낫다는 것이다. 물론 입성 운동은 그럴 필요성을 크게 느끼지 못한 원 제국의 소극적 태도와 고려 왕실의 강한 저항을 받고 실패하였다. 그러나 몽골과 전쟁을 경험하지 않은 세대들이 주역이 된 고려의 분위기는 이미 이전과 많이 달랐다.

강화가 성립된 이후 고려와 원 사이의 인적 교류는 대단히 활발했다. 수많은 몽골인들이 고려를 찾았고, 더 많은 고려인들이 원 제국을 찾았다. 고려에서 성장하여 원에서 생애를 마친 사람도 많았고, 원에서 성장하여 고려인으로 생애를 마친 사람도 적지 않았다. 몽골인의 후예가 새

문익점과 목화

의생활의 혁명을 가져온 목화의 전래는 고려와 원 사이의 활발한 교류가 그 배경이 되었다. 원에 사절단으로 파견되었던 문익점(1329~1398)은, 원 조정의 명령으로 중국의 남부 운남 지역까지 귀양을 떠났다가 돌아오는 길에 목화씨를 국내로 반입하였다. 귀국 후 목화 재배에 성공한 그는, 우연히 국내에서 만난 몽골 출신 승려의 도움을 받아 실을 뽑고 옷감을 짜는 기술을 습득하게 된다. 다음 왕조인 조선에서 널리 생산된 조선산 면직물은, 조선과 거래했던 일본인들이 가장 갖고 싶어 했던 상품 가운데 하나였다.

로운 성씨를 만든 경우도 많았다. 서아시아계로 훗날 조선의 명문 가문이 되는 경주 설씨나 덕수 장씨 같은 경우가 그러했다.

원 제국을 대상으로 하는 고려인들의 무역 활동도 활발했다. 원이 전 중국을 통일하였을 뿐 아니라 바다와 육지를 통해 동서 무역이 활성화되자, 고려 왕실과 지배층 일부는 대중국 무역에 앞다투어 참여하였다. 충렬왕비였던 제국대장공주는 인삼 등을 중국의 강남 지방으로 수출하여 막대한 이익을 얻었다. 충혜왕 때 왕 스스로 옷감이나 금·은 등을 중국 각지로 수출했던 것은 수많은 사례 가운데 하나일 뿐이다.

고려인으로 원 제국에서 활동한 사람도 많았다. 많은 고려의 여성들이 공녀가 되어 원의 수도에서 생활하였다. 궁궐에서 환관으로 일하는 남성도 적지 않았다. 고려의 태자가 원의 공주와 결혼하고, 국왕이 되기 전에 상당 기간을 원의 수도에 머물렀다. 충선왕의 경우에는 국왕의 지위에 있으면서도 오랜 기간 원의 수도에서 활동하였다. 몽골인들이 국왕의 측근이 되어 고려에서 큰 행세를 부리기도 하였지만, 고려의 관리들 가운데서도 많은 이들이 원의 수도에서 태자나 국왕을 수행하기도 하였다.

원의 수도였던 대도(大都, 현재의 북경)에는 몽골인만 있는 것은 아니었다. 인류 역사상 최대의 제국을 이룩하였던 대도는 육로와 수로를 통한 세계 교역의 중심지였다. 다양한 지역에서 온 수많은 사람들이 서로 다른 언어를 사용하며 공존하고 있었다. 차이나 드림을 꿈꾸는 이슬람 상인과 아시안 드림을 꿈꾸는 유럽

● 자료 4. 원나라 양식을 보여주는 경천사 석탑

인들이 이곳을 찾아왔다. 그들이 예배를 보던 기독교 사원과 이슬람 사원이 불교·도교 사원과 공존하고, 티베트에서 일어난 라마교가 궁정을 뒤덮었다. 배척되던 중국의 전통적 유교와 성리학도 점차 국가의 공인 학문으로 지위를 회복하였다.

원은 세계 질서를 만들어냈으며, 수도였던 대도는 다양한 문화가 뒤섞이고 새로운 융합이 이뤄지고 있었다. 이곳에서의 체험은 고려 지식인들의 생각에도 큰 영향을 끼쳤다. 그들에게 원은 새로운 문명이 형성되는 '세계 그 자체'로 받아들여지기도 했을 것이다. "사내로 태어났으면 황제의 서울에서 벼슬을 해야지"라는 노랫말은 어쩌면 이색 집안 사람들의 생각만은 아니었을 것이다.

'조선'이란 새로운 국가 이름

세계는 무궁하다.
우리 삼한(三韓)은 천하의 동쪽에 있다. (『목은집』)

이색의 아버지 이곡 등과 함께 '전후 세대' 맨 앞자리에 서 있는 인물이 이제현이다. 그는 고려-원 관계가 안정된 시기에 태어나 원 제국 종말 직전에 세상을 떠났다. 어려서 유학을 공부했고, 과거를 통해 관직에 나간 뒤 학문으로 이름을 널리 떨쳤던 그는, 고려의 충선왕을 돕기 위해 원에 머물렀다. 그곳에 고려 왕이 설립한 학문 연구소에서 수많은 중국 학자들과 활발히 교류하였다. 중국의 여러 지역을 여행할 기회도 가졌다. 이 같은 경험은 그의 사상적 지평을 넓히는 데 크게 기여하였다.

이제현의 눈앞에 열린 원 제국은 오랑캐의 국가 몽골이 아니었다. 원은 중국을 다시 통일한 국가이며, 세계의 각 지역을 하나로 통합한 명실상부한 천하 그 자체였다. 그는 원 제국 아래서 유교 문화를 비롯한 중국적 전통이 다시 살아나고, 다양한 문화가 융합되면서 새로운 문명이 창조되고 있음을 지켜보았다. 이제현과 당대의 지식인들에게 '한족의 중국을 문명의 중화로 보고, 나머지를 모두 오랑캐나 변방으로 구분'하던 발상은 지속될 수 없었다. 새롭게 열리는 세계에선 누구나 문명의 주역으로 참여할 수 있는 것처럼 여겨졌다. '세계는 무궁하고, 천하의 동쪽에 있는 삼한도 그 중 하나'라는 인식은 그렇게 형성되었다.

누구나 문명의 주역으로 참여할 수 있는 천하를 재발견한 고려의 지식인들은, 천하를 형성하는 구성 요소로서의 삼한의 위치도 새롭게 규정하였다. 이들은 삼한 = 해동 = 고려를, "풍속과 언어가 중국과 같지 않고, 예의범절이 독자적인 형태로 유지되었으며, 진·한 이래로 중국이 신하로 삼지 못했다"(이제현)는 독자적인 역사 공동체로 파악하였다.

그러나 세계 제국 원을 전제하면서 '삼한 = 해동 = 고려'인으로서의 독자성을 추구하던 전

● 자료 5. 이제현

후 세대의 문제의식은, 일연이나 이승휴 같은 '전쟁 세대'의 그것과는 많이 달랐다. 전쟁 세대는 원을 몽골 = 오랑캐 = 침략자로 여겼으나, 전후 세대는 원을 문명의 세계로 여겼다. 그 문명은 다름 아닌 유교 문화를 중심으로 한 전통 중국 문명이었다. 전후 세대 고려인으로서의 자부심도 전쟁 세대가 강조했던 '중국 전통과 다른 고려 전통'과는 달랐다. 그것은 바로 '일찍부터 유교적 교화가 이뤄진 나라의 사람'이 '중국에 못지않은 문명 세계를 만들어낼 수 있다'는 자부심이었다.

물론 전후 세대가 말한 문명화는 유교화였다. 전쟁 세대가 소중히 여겨 왔던 고려 전통은 전후 세대에게는 청산되어야 할 대상이기도 하였다. 그래서 구래의 전통을 청산과 개혁의 대상으로 삼을 것인지 선택적으로 계승할 것인지는 새로운 논란을 불러일으켰다. 그러나 "삼한 = 해동 = 고려는 오래 전부터 주변 세계와 뚜렷이 구별되는 하나의 역사 공동체를 이뤄 왔다"는 역사의식은 갈수록 심화되었다. 최초의 국가 건설

● 자료 6. 평양의 숭령전

자인 단군 계승 의식과 유교적 교화의 상징인 기자 계승 의식이 함께 뿌리내린 것은 이러한 역사 인식에서였다. 고려의 뒤를 이은 국가의 이름이 조선이 된 것은 결코 우연이 아니었다.

한반도 주민이 공동의 역사 계승 의식을 갖기까지

옛 고구려와 백제, 신라 사람들이 사용한 언어는 같지 않았다. 그러나 삼국의 언어는 이웃한 한족과 유목 민족의 그것과는 뚜렷이 구별되었다. 삼국이 상대를 통일의 대상으로 삼지는 않았으나, 삼국 사이에서 진행된 다양한 형식의 교류는 삼국인들 사이의 동질성을 심화하는 데 적지 않은 영향을 주었다. 그래서 중국인들은 일찍부터 한반도의 삼국을 삼한 = 해동으로 인식했다.

7세기 후반, 신라가 백제와 고구려의 일부를 통합하면서 삼국의 주민들은 정치 공동체를 구성하였다. 물론 신라에도 고려에도 엄격한 신분제가 있었고, 경주와 개경에 살던 귀족과 지방민 사이엔 엄청난 차별이 있었다. 그럼에도 정치적 통합의 의미는 결코 작지 않았다. 신라의 통일은 대당 항쟁을 거치면서 이루어졌고, 고려의 발전은 거란, 여진, 몽골과의 거듭된 전쟁을 거치면서 이루어졌다는 점까지를 감안하면 더욱 그렇다.

30년에 걸친 항쟁, 그리고 80년 동안 이어진 또 다른 경험은 이 공동체 주민들 사이에서 공동의 역사 계승 의식이 자리잡는 계기가 되었다. 고려는 삼국을 계승하였으며 삼국은 다시 옛 조선의 계승자였다는 인식은 이제 확고하게 자리잡았다.

물론 조선의 후계자라는 말의 뜻과 계승해야 할 전통이란 무엇인가에 대한 생각은 많이 달랐다. 당연히 원을 중심으로 한 제국 질서를 일시적으로 존재하는 패권적 질서로 볼 것인지, 아니면 중화 문명이 번성한 상황으로 받아들일 것인지에 대한 생각도 달랐다. 생각에 따라 외교 노선이나 국내 개혁을 바라보는 입장도 달랐다. '원 간섭기'라고 불리는 이 시기의 종말은 이런 논쟁들과 함께 시작되었다. 그러나 논란이 어떻게 되었든, 새로운 나라의 이름을 조선으로 정하게 된 변화의 흐름은 거역할 수 없었다.

동아시아 속의 몽골

13세기 동아시아 세계에 '몽골의 폭풍'이 몰아쳤다. 몽골은 왜 세계 여러 지역에 군대를 보냈을까?
또 '몽골의 폭풍'은 각 지역에 어떤 영향을 남겼는지도 생각해 보자.

몽골, 일본을 공격하다

1274년 몽골(원)은 고려의 군대를 포함해서 약 3만 명의 병력으로 먼저
쓰시마와 이키를 습격해 많은 피해를 입힌 후, 규슈 북부 지역의 하카타
항으로 쳐들어왔다. 집단 전법이나 화약 무기를 가지고 싸우는 몽골군에
비해 일본의 무사들은 기마 무사가 혼자서 대항하는 일대일 전법으로 싸
웠기 때문에 크게 고전했다. 그러나 때마침 발생한 폭풍우 때문에 몽골
군은 철수를 하지 않을 수 없었다.

1281년 다시 몽골군이 일본을 공격했다. 이번에는 한반도에서 동로군
약 4만 명과 중국에서 강남군 약 10만 명의 두 부대가 규슈 북부 지역을

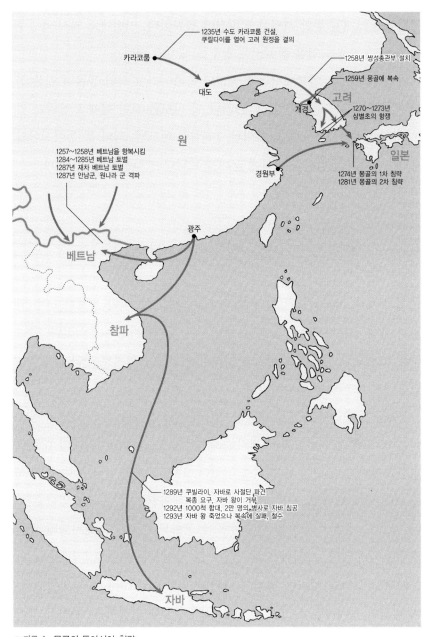

카라코룸 1235년 수도 카라코룸 건설.
쿠릴타이를 열어 고려 원정을 결의

대도

원

1258년 쌍성총관부 설치

1259년 몽골에 복속

고려

개경 1270~1273년
삼별초의 항쟁

일본

1257~1258년 베트남을 항복시킴
1284~1285년 베트남 토벌
1287년 재차 베트남 토벌
1287년 안남군, 원나라 군 격파

경원부

1274년 몽골의 1차 침략
1281년 몽골의 2차 침략

광주

베트남

참파

1289년 쿠빌라이, 자바로 사절단 파견
복종 요구, 자바 왕이 거부
1292년 1000척 함대, 2만 명의 병사로 자바 침공
1293년 자바 왕 죽었으나 복속에 실패, 철수

자바

● 자료 1. 몽골의 동아시아 침략

공격했다. 2개월 동안 격렬한 공방전이 펼쳐졌다. 이번에도 역시 폭풍우 때문에 큰 피해를 입은 몽골군은 철수를 해야만 했다.

자료 1을 보자. 일본에서는 몽골군의 공격이라고 하면 몽골의 일본 침략만을 떠올리는 경향이 있다. 그러나 이 지도를 보면 실제로 몽골은 일본 이외에 한반도, 사할린, 타이완, 미얀마, 베트남, 자바 등 동아시아와 동남아시아의 광범위한 지역에 군대를 보냈다는 사실을 알 수 있다.

몽골의 명령으로 일본 원정에 나선 고려

13세기 초에 시작된 몽골의 정복 활동은 상업로를 따라 진행한 서방 원정과 함께 풍부한 경제력을 갖춘 동아시아 지역에서도 이루어졌다. 몽골군은 1234년에 금을 멸망시키고 양자강 이남을 근거지로 삼아 저항하는 남송마저 1279년에 멸망시켰다.

몽골군은 고려에도 많은 공물을 요구하면서 접근했다. 1231년에 몽골이 고려에 본격적인 공격을 개시한 이래, 약 30년 동안 6차례의 대규모 침공을 벌였고 고려는 큰 타격을 받았다. 1254년에는 남녀 포로 수가 20만 8000명에 달했고, 사망자의 수는 이루 헤아릴 수 없을 정도였다고 한다. 고려는 몽골의 공격을 피해 수도를 강화도로 옮기고 철저하게 항전 태세를 갖추었다. 그러나 오랜 전쟁으로 사람들은 지쳤고, 지배층들 가운데서도 강화를 맺자는 의견이 나왔다. 1258년 고려의 주전파였던 최씨 정권이 무너지면서, 고려는 다음 해에 몽골에 항복하고 말았다. 그러나 항복했다고 해서 몽골에 대한 저항이 끝난 것은 아니었다. 삼별초의 항전이 시작되었다. 삼별초는 최씨 정권이 치안 유지를 위해 조직한 좌우 이별초와 신의군을 말한다. 신의군은 몽골과의 전투에서 포로가 되었다가 탈출한 사람들이다.

삼별초는 한반도 남쪽의 진도에서 몽골과 고려 정부 연합군의 공격에 1년간 저항했지만 지도자의 대부분을 잃었다. 그러나 남은 사람들은 제주도로 옮겨 저항을 계속했다. 한편 그들은 일본에 사신을 보내 원조해 줄 것을 요청했다. 그러나 일본은 당시 국제 정세에 어두워 결국 삼별초의 요구를 들어주지 못했다고 한다.

1273년 삼별초의 저항은 결국 진압되었지만, 이 전투는 고려인의 끈질긴 저항 정신을 몽골에게 보여주었다. 또 삼별초의 전투가 있었기 때문에 몽골의 일본 원정은 계획보다 늦어졌다. 몽골의 일본 1차 원정이 시작한 것은 삼별초가 패배하고 난 1년 후였다.

삼별초가 진압된 후 약 80년 동안 고려는 몽골과 원의 간섭을 받게 되었다. 그러나 고려는 원에 정복당하거나 종속국이 되기도 했던 다른 나라들과 달리 원의 직접적인 지배는 받지 않았다. 고려 왕자가 강화를 위해 원의 세조인 쿠빌라이를 만나러 갔을 때 쿠빌라이는 고려의 제도와 풍속을 존중한다는 입장을 표명했다. 그렇다고는 해도 고려가 원의 내정 간섭으로부터 자유롭지만은 않았다.

고려는 두 차례에 걸친 일본 원정에 동원되었다. 그때 고려는 선박, 식량, 무기 등의 전쟁 물자를 제공했다. 많을 때에는 3만 명에 이르는 인원도 동원되었다. 1차 침입에 동원된 900여 척의 선박 가운데 300여 척의 배가 고려에서 만들어졌다. 그 배들은 닻과 그 닻돌의 무게만으로도 1톤이 넘는 큰 선박이었다. 사실 이런 전쟁 동원은 오랜 기간 전쟁으로 피폐해져 있던 고려로서는 감당하기 어려운 부담이었다.

실현하지 못한 3차 일본 원정

몽골의 1, 2차 일본 원정은 폭풍우 때문에 실패했다. 쿠빌라이는 포기하지 않고 1282년 3차 일본 원정을 위한 준비를 시작했다. 그러나 결과적으로 몽골의 군대는 일본에 오지 않았다.

원은 일본 원정을 준비하기 위해 고려에 설치한 정동행성을 일본 원정을 포기한 후에도 계속 유지했으며, 이는 원이 고려의 내정에 간섭할 수 있는 빌미가 되었다. 그러나 고려 왕이 정동행성의 책임자를 겸하고 있었고 정동행성을 통한 간섭에 강하게 반발하고 있었기 때문에, 원의 내정 간섭은 큰 효과를 거둘 수 없었다.

원 정권 내부에서는 쿠빌라이 정권의 세력자인 나얀의 영지를 놓고 쿠빌라이와 나얀이 대립하고 있었다. 그 대립은 1287년 나얀의 반란으로 이어졌다. 정권 내부의 세력자인 나얀의 반란은 큰 사건이었다. 쿠빌라이는 반란을 진압하기 위해 일본 원정을 위해 준비해 두었던 병력을 출동시켰다. 또 같은 시기에 강남 지방에서 한족이 대규모의 반란을 일으켰다. 1284~1285년에 걸쳐 몽골은 50만 대군으로 베트남을 침입했다. 그러나 쩐 흥 다오가 이끄는 베트남군의 기습 작전 앞에 패배하고 말았다. 1287년에 몽골군은 다시 베트남을 침입했다. 이때도 쩐 흥 다오의 교묘한 작전에 밀려서 몽골군은 큰 패배를 당하고 말았다.

그 밖에 운남과 미얀마, 자바 등지에서도 몽골은 현지 사람들의 저항에 시달려야 했다. 원 정권 내부 상황과 한족, 베트남인의 저항 등 동아시아 전체 상황의 변화가 몽골의 일본 침략을 최종적으로 단념하게 했던 것이다.

쿠빌라이가 일본을 원정한 의도

쿠빌라이가 일본을 공격하고 또 영토를 확장하려 한 것은 무슨 이유에서였을까?

1267년 고려 사신 번부가 몽골의 국서를 가지고 일본의 다자이후에 상륙했다. 이른바 '몽골 첩장'이 일본에 도착한 것이다. 이 국서를 놓고 일본에서는 가마쿠라막부와 조정 사이에 격론이 벌어졌지만 결국 막부는 이 국서를 묵살했다. 국서의 내용은 다음과 같다.

> 대몽골국의 황제가 일본 국왕에게 글을 보낸다. … 나의 선조가 천하를 지배했기 때문에 멀리 있는 나라들이 우리나라를 두려워해서 조공을 하러 온다. … 일본은 고려와 가까이 있고, 개국 이래 때로 중국과 통교를 해왔다. 그런데 내가 황제가 되고 나서는 통교하러 오지 않는다. … 그래서 특별히 사신을 파견해서 황제인 나의 생각을 전한다. 앞으로는 통교하도록 하자. … 통교하지 않는 것은 이치에 맞지 않는 일이다. 군사를 일으키는 일은 두 나라에 서로 도움이 되지 않는다.

위 국서의 내용은 기본적으로 일본과 화친을 하고 싶으니 조공을 하라는 뜻이다. 마지막 부분에 위협적인 문구가 있지만, 그렇다고 반드시 일본을 정복할 의도가 있다고 생각할 수 있는 내용의 국서는 아니었다. 쿠빌라이가 일본에 원정군을 보낸 것은 일본을 정복하기 위한 것이 아니라, 남송의 퇴로를 차단하고 일본과의 교역을 활성화해서 그 이익을 획득하기 위한 것으로 여겨진다.

일본과 원의 무역

● 자료 2. 신안 앞바다의 위치

1976년 전라남도 신안군 앞바다에서 침몰선이 한 척 발견되었다. 전체 길이 약 28미터에 폭 9미터인 침몰선에는 8개의 창고가 있었다. 거기에서 중국제 도자기, 고려청자를 합해 약 1만 8600여 점, 동전 800만 개, 자단 목재 1000여 개, 그 밖에도 후추, 계피, 정향 등의 향신료가 나왔다.

그 후 조사를 통해 이 배는 경원 항구를 출발해 일본으로 향하던 도중, 이유는 알 수 없지만 신안 앞바다에서 침몰했다는 사실이 밝혀졌다. 1320년경의 일이었다고 추측된다. 또한 일본 측 사료에 따르면, 1298년 4월 도타로 뉴도닌케이

● 자료 3. 신안 앞바다 침몰선에서 나온 유물들(①동전, ②향신료, ③청백자 보살상)

(藤太郎入道忍惠)라는 인물이 중국에 보낸 배가 히젠 지역에서 난파당했는데, 난파 직후 주변의 백성과 해적에게 짐을 모두 빼앗겼다고 한다. 짐에 붙여놓은 패찰로 미루어 이 배에 실린 물건의 주인은 호죠 씨 일가로 확인되었다. 선적된 물건은 금 480량 이상, 그리고 수은, 은, 칼 등으로 원에 보내는 수출품이었다. 1298년이면 원의 일본 2차 원정이 끝나고 얼마 지나지 않았을 때다. 게다가 수출품의 선주는 몽골이 침략했을 때 그들과 맞서 싸웠던 호죠 씨 일가이다. 그 후에도 호죠 씨 일가를 비롯해 많은 유력자들은 사원 건립 비용을 마련하고자 원에 자주 교역선을 보냈다.

　두 차례의 일본 원정 때문에 일본과 원의 관계는 시종일관 나빴을 것이라고 생각하기 쉽다. 그러나 원과의 무역과 교류는 송나라 때보다 더욱 빈번하고 활발하게 이루어졌다. 중세 일본에서는 중국의 동전이 많이 쓰였다. 『원사』에 따르면 1차와 2차 공격 사이에 해당하는 1277년에 일본의 상인이 금을 가지고 와서 동전과 교역하고 싶어 했으며, 원은 이것을 허락했다. 그 당시 일본에서는 그만큼 동전이 필요했다.

13세기 후반에서 14세기 초까지는 원이 일본 원정을 벌인 시기로, 일본과 원 사이에 정치적인 긴장 관계가 지속되었을 것으로 보인다. 그러나 일본과 원의 교역 활동은 활발했다. 신안 앞바다의 침몰선 역시 일본과 원을 오가며 교역 활동을 담당했던 배였다.

상업 제국 몽골

13세기는 동아시아를 포함한 유라시아 전역에 상업 활동이 활발하게 전개되던 시대였다. 그것은 몽골의 존재와 관련이 깊다. 몽골은 적극적으로 상업 활동을 활성화하려 했다. 유라시아의 광대한 지역은 몽골제국으로 말미암아 직접 연결되었다. 몽골의 지배지에는 '참치'로 불리는 교통 요충지가 세워졌으며, '파이자' _{자료 4} 라는 통행증으로 여행자의 안전을 지켜 주는 등 사람들이 이동할 때 도움을 주는 제도가 정비되었다. 그래서 이슬람 상인을 비롯한 상인들의 활동이 자연스럽게 활성화되었다. 이런 상업 활동의 활성화야말로 몽골제국 확대의 커다란 목적이었을 것이다.

몽골은 이슬람 상인의 힘을 이용해 유라시아 전역을 포함하는 거대한 상업권을 형성했다. 몽골제국은 유라시아 상업로를 따라 영토를 확대해 갔다고 할 수 있다. 사할린 원정 역시 상업적 이익을 얻으려 했기 때문인 것 같다. 사할린 주변에서 상업적 이익을 얻을 수 있는 물건은 무엇이었을까? 그것은 해수의 모피였다. 바다표범이나 해달 등 북쪽 바다에 사는 해수의 모피는 보온성과 방수성이 뛰어나기 때문에 북아시아에서 유럽까지 모든 지역에서 귀중한 물건으로 취급되었다. 그것은 일본에서도 마찬가지였다. 몽골은 몽골에 종속된 사할린의 기리야크를 통해 해수 모피를 입수했다. 그런데 홋카이도의 아이누가 일

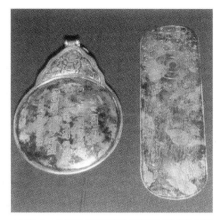

● 자료 4. 몽골에서 여행자에게 발행했던 통행증 파이자

본 혼슈와 교역할 물품 때문에 사할린 주변에서 해수를 잡게 되면서, 기리야크와 충돌하는 일이 잦아졌다. 결국 몽골은 원군을 파견해서 사할린에서 아이누와 전투를 벌였다.

몽골 하면 살육과 파괴를 일삼은 잔인한 사람들이라는 생각을 갖기 쉬운데, 그들이 가는 곳마다 살육과 파괴를 일삼은 것은 아니었다. 철저하게 살육과 파괴를 한 경우는, 칭기스 칸의 손자 중 한 명이 잔인한 방법으로 살해된 것에 대한 보복처럼 특별한 경우에 한해서였다. 특히 상업의 거점이 되는 중요한 도시나 항구는 가능한 한 파괴하지 않고 수중에 넣으려고 노력했다. 또한 지배 지역의 인재도 등용했다. 적대 국가일지라도 통상 관계를 단절하지는 않았다.

육상 상업로를 장악한 몽골의 지배자들은 해상 교역에도 눈을 돌리게 되었다. 원의 수도인 대도는 이런 육상 교역과 해상 교역을 연결하기 위해 새롭게 건설된 도시이다. 도시의 중앙부에 적수담(積水潭)자료 5이라 불리는 호수가 있었는데, 동중국해를 항해한 배는 운하를 이용해서 직접

● 자료 5. 대도의 중앙에 자리잡은 호수 적수담

대도까지 들어올 수 있었다. 또 육상의 교통망도 대도를 중심으로 정비되어 육상로와 해상로가 대도에서 직접 이어지게 되었다.

몽골관의 형성

얼마 전까지만 해도 일본 서해 연안 지역에는 모쿠리(몽골), 고쿠리(고려)라는 말이 있었다. 이 말은 몽골과 고려가 일본을 공격했다는 사실에서 유래하는데, '정체를 알 수 없는 공포의 대상'이라는 의미로 사용되었다. 일본인이 한반도에 대해 왜곡된 생각을 가지게 하는 데 이런 것도 영향을 끼치지 않았을까?

일본에서 몽골은 나쁜 나라로 인식되어 왔다. 그러면 다른 나라들은 몽골제국이나 원을 어떻게 인식했을까? 원의 지배하에서 가장 천대받은 중국 지배층들이 쓴 역사서는 몽골을 아주 낮게 평가하고 있다.『몽골제국사』나『러시아 연대기』로 대표되는 유럽의 역사 평가도 몽골의 지배를 받은 입장에서 역사를 서술하고 있다. 그 때문에 유럽이나 러시아에서도 과장되게 몽골을 나쁜 나라라고 생각했다. 소련의 영향하에 있었던 몽골인민공화국에서도 소련의 역사 인식을 바탕으로 몽골제국이나 칭기스 칸을 평가해 왔다. 소련에서 몽골제국이나 칭기스 칸은 강대한 봉건 세력, 봉건 군주로 생각했고, 러시아나 몽골 민중을 착취한 수탈자로 규정지었다. 이런 인식을 몽골은 그대로 받아들였다. 그러나 몽골인민공화국은 소련의 민주화 후 소련의 영향에서 벗어나자 몽골제국이나 칭기스 칸을 재평가하고 있다.

15

고려를 침략한 왜구

왜구는 어떤 활동을 하던 사람들일까. 왜구로 불리던 사람들은 고려에 와서 어떤 일을 했을까? 왜구의 활동 양상과 한반도·일본열도의 정세는 어떤 관계를 맺고 있었을까?

왜구의 침략과 피해

14세기 한반도 해안 지역에 살던 고려인들은 늘 불안하였다. 언제 어디서 왜구가 쳐들어올지 몰랐기 때문이다. 가끔씩 나타나 약탈을 자행하던 왜구는 1350년 무렵부터 대규모로 고려를 침략하기 시작하였다. 왜구는 처음에는 소규모 병력으로 봄과 여름에, 주로 일본에서 가까운 경상도와 전라도 해안 지역을 침입하였다. 그 계절이 중앙 정부에 세금을 내기 위해 창고에 모아둔 쌀을 개경으로 운반하는 시기였기 때문이다. 쌀을 운반하던 조운선과 창고를 습격하던 왜구를 고려 정부가 효율적으로 대처하지 못하자, 그들은 차츰 대담해졌다. 때로 400~500척이나 되는 배를 동원하여 조운선을 호송하는 병선을 직접 공격하였다. 해안 지역뿐만 아니라 내륙까지 들어가 관청을 공격하고 불을 질러 행정을 마비시켰으며 심지어는 병영까지 공격하였다. 이런 상황에서 가장 고통받은 사람들은 일반 백성들이었다.

> 왜적이 진주(晉州)에 침략하자 모두 도망하였다. 최씨는 자식들을 데리고 산속으로 피했다. 그러나 왜적이 각지에서 노략질을 하다가 최씨를 만나 칼을 뽑아 들고 협박하자, 최씨는 나무를 안고 저항하여 꾸짖기를 "죽기는 마찬가지니 도적에게 더럽히고 사는 것보다 차라리 의리를 지키고 죽는 것이 낫다"고 말하였다. 왜적은 최씨가 계속해서 저항하자 최씨를 살해하고, 두 아이를 잡아갔다. 셋째 아이는 겨우 여섯 살이었는데 시신 옆에서 울부짖었고, 넷째 갓난아이는 최씨에게 기어가 젖을 빨았는데 그 피가 입으로 흘러 들어가더니 잠시 뒤에 역시 죽었다. (『고려사』 열전)

최씨 가족처럼 수많은 사람들이 왜구에게 죽음을 당하거나 끌려가 노예가 되었다. 많을 때는 한 번에 1000명이 넘는 백성이 포로로 끌려가기도 하였다. 약탈을 피해 뿔뿔이 흩어진 농민들은 비옥한 농토를 버리고 산성이나 내륙 지역으로 쫓겨났다.

무기력한 고려 정부

고려 정부는 불시에 상륙하여 약탈한 후 바다로 도망쳐 버리는 왜구에 대해 속수무책이었다. 왜구에 대응할 효과적인 군사력과 운용 체계를 갖추지 못했기 때문이다. 고려는 13세기 후반 원의 지배를 받게 되면서 독자적인 상비군을 확보할 수가 없었다. 원이 고려군의 지휘 체계는 물론이고 군사의 징발과 동원, 무기 제조와 관리까지 통제하여 위협이 될 만한 고려의 군사력을 허용하지 않은 탓이었다.

왜구가 상륙하기 전에 해상에서 방어하는 것이 상책이었지만, 고려는 정규 수군이 없어서 이미 상륙한 왜구에 맞서 내륙에서 싸워야 했다. 지방에 상시 수비군을 둘 수 없었던 고려 정부는 왜구를 토벌하기 위해 그때그때 중앙에서 군대를 파견할 수밖에 없었다. 당연하게도, 중앙에서 군대가 도착하면 왜구는 이미 약탈을 자행한 후 도망쳐 버리고 없었다.

정부가 군사적으로 왜구를 막아내지 못하는 사이, 백성들은 반복되는 왜구 침략에 시달리면서 다른 한편으로 정부의 강제 동원에 시달리는 이중의 고통을 겪었다. 고려 정부는 백성들을 동원하여 해안가에 있던 조창을 내륙으로 옮기고 세금을 육로로 운반하도록 했다. 배를 이용한 편리한 운송법을 버리고 험악한 산골짜기를 오가며 세금을 운반할 수밖에 없게 되자, 동원된 백성들의 고통은 이루 말할 수 없었다. 백성들은 보잘것없는 무기를 지급받고 왜구를 막는 병사로 차출되어 싸우다가 죽거나 다치기 일쑤였다. 그것 말고도 수시로 육상의 세금 운송로를 만드는 길을 닦거나 왜구 방어를 위한 산성을 수축하는 노역에 동원되었다.

백성들 사이에 정부에 대한 불신이 높아지면서 정부의 징발과 규제를 피해 도망하는 사람들이 늘어났다. 어떤 사람들은 살아남기 위해 왜구에 협력하여 간첩 노릇을 하기도 하였다. 심지어 정부에 불만을 품고 왜구의 침략을 틈타 왜구를 가장하기도 했다. 이를 가왜(假倭)라고 한다.

화척(禾尺), 재인(才人) 등이 왜적으로 가장하고 약탈을 하였다. 관리가 이들 50여 명을 잡아 죽이고 그 처자식을 각 고을에 나누어주었다.
(『고려사』 열전)

화척과 재인은 천한 일에 종사하던 특수 집단 사람들이었다. 주로 도살업에 종사하면서 화척과 가무를 통해 생활하던 재인은, 유목 민족의 후예로 뒤늦게 고려에 유입되었다. 법제상 양인이었으나 직업이 천하여 일반 양인들은 이들과 함께 거주하거나 혼인하기를 꺼렸다. 따라서 자기들끼리 집단을 이루어 여러 지역을 옮겨다니며 거주하는 와중에 걸식, 강도, 방화, 살인 등을 자행하는 일이 잦았다. 심한 차별 대우를 받았던 이들은 거란이 침입했을 때 이들에게 협력하기도 하였다. 이들을 제외하면 가왜에 가담한 일반 백성은 없는 것 같다. 500건이 넘게 나오는 『고려사』 왜구 기록 가운데 가왜에 대한 기록은 3건에 지나지 않는 것이 이를 보여준다. 왜구가 이들 가왜와 함께 활동하고 있었음을 보여주는 사료도 없는 것으로 보아, 가왜는 매우 예외적인 현상이었다. 그러나 장기화된 침략은 왜구에 협력하거나 사칭하는 사람들이 생겨날 정도로 백성들의 생존을 위협했던 것이다.

일본 연해 지역을 근거지로 한 해적단

왜구는 한반도와 가까운 쓰시마(對馬島), 이키(壹岐), 마쓰우라(松浦) 등의 섬을 거점으로 한 일본인 해적단이었다. 『고려사』뿐만 아니라 일본 사료에도 이미 가마쿠라막부 시기에 일본인 해적이 고려에 침입하였다는 기록이 남아 있다. 1227년 고려 정부가 해적의 피해를 항의하자 "규슈의 지배자가 고려 사신 앞에서 쓰시마의 악당(惡黨) 90명을 참수하였다"는 기록이 이를 보여준다. 악당은 정치 · 경제 · 사회적 변동으로 인해 본래의 생업과 거주지를 벗어나 약탈을 하던 사람들과, 장원 영주의 지배 영역과 권익을 무력으로 빼앗으려 했던 사람들이었다. "악당이 국경을 넘으면 왜구가 된다"고 보는 견해도 있다.

왜구의 활동 양상은 일본 내의 정치적 상황 전개와 밀접하게 관련되어 있었다. 1232년 이후 일본 막부는 해상 교역로를 안정시키고 해적 활동을 억제하고자 해적을 금지하는 법령을 여러 차례 공포하였다. 그러나 1336년 무로마치막부가 시작된 후 60년간 북조(北朝)와 남조(南朝) 두 개의 왕조로 분열되어 싸우게 되자, 지방 무사들에 대한 통제권이 약화되면서 해적 활동이 증가하게 되었다.

당시 규슈 지역은 여러 세력이 다투다가 남조 세력이 장악하게 되었는데, 그 과정에서 무사들은 분열하여 정황에 따라 지지 세력을 바꿔 가며 개별적이고 유동적으로 활동하였다. 규슈의 남조 세력은 1360년대 후반기에 전성기를 맞았으나, 북조의 막부가 규슈 지역 통치자로 이마가와 료순(今川了俊)을 내려보내 1372년 남조의 거점을 함락시키자, 규슈 전역에서 1380년대까지 전란이 계속되었다. 그리고 이 시기 왜구의 활동이 절정을 이루게 된다.

왜구를 일본인 해적단이라고 본 고려 정부는 1366년 일본 막부에 왜구의 침략을 금지시켜 달라고 요구했다. 그러나 당시 막부는 "현재 규슈는 남조의 천하로 왜구의 침략을 금지하기가 불가능하다"고 판단하였다.

그러나 막부 장군은 고려 사신에게 왜구를 단속하겠다고 약속하는 서신을 보내 고려 정부에 성의를 보였다. 이후 왜구의 침략 행위가 급격히 증가하자 1375년부터 79년까지 고려는 거의 매년 일본에 사신을 파견하여 왜구 단속을 요청하였다. 그러나 막부의 회답은 다음과 같았다.

> 지금 우리나라 서해도 일대와 규슈에는 난신들이 할거하고 있으면서 벌써 20년이나 공납을 바치지 아니한다. 그런데 서쪽 바다 지역의 우매한 백성들이 틈을 엿보아 귀국을 침공하는데 우리가 하는 것이 아니다. 그러므로 조정에서는 장수를 보내어 토벌을 하는데, 그 지방에 깊이 들어가서 날마다 서로 싸우고 있다. 이제 규슈만 평정하면 해적들은 금지할 수 있음을 하늘에 맹세하고 약속하는 바이다. (『고려사』 열전)

즉 막부는 여전히 규슈 지역에서 효과적인 지배력을 행사하지 못하고 있어 왜구를 금지할 수 없다고 변명하고 있는 것이다.

일본의 정세를 인식한 고려는 이후 규슈 각 지방과 쓰시마 등 왜구 근거지의 실력자들과 직접 교섭하여 왜구 문제를 해결하고자 했다. 1377년 8월 료슌은 왜구들이 '도망자 무리'이기 때문에 막기가 어렵다고 변명하였으나, 고려에 자신의 군사를 보내 왜구를 토벌하는 데 협조하는 성의를 보이기도 했다. 그는 이후에도 자주 왜구에게 끌려온 고려 사람들을 돌려보내 주었다.

그러나 집중적인 외교 교섭과 일본 측의 성의에도 불구하고 막부에 대한 남조의 조직적 저항이 불가능해지는 1382년 이후가 되어야 왜구의 침략이 눈에 띄게 감소하게 된다. 또한 이때는 고려가 성공적으로 왜구를 토벌해 가는 시기와 일치한다.

고려의 왜구 격퇴와 무인 세력의 성장

고려는 반원 정책을 추진한 공민왕 5년(1356)에 가서야 군제 개혁을 시작했지만 이를 효과적으로 추진하기 어려운 상황이 이어졌다. 당시 중국에서 한인(漢人)이 흥기하여 원을 위협하자, 공민왕은 밖으로는 원에 빼앗겼던 북쪽의 옛 땅을 회복하고 안으로는 부원(附元) 세력을 제거하며 내정 개혁에 힘썼다. 그러나 북쪽에서는 원군에게 밀린 한인 반란군 홍건적이 두 차례나 고려를 침입하여, 일시적이지만 개경이 함락되고 국왕이 피신하는 등 위기 상황이 이어졌다. 또한 변경 지역에서는 여진족의 침입을 막고, 외교적 마찰로 예견되던 명의 공격에 대비하는 등 군사적 긴장 상태가 계속되었다. 고려 정부가 북쪽 변방을 통해 침입하는 외적을 막는 데 전력을 기울이고 있는 상황에서 남쪽에서는 왜구가 수시로 침략하고 있었다. 왜구를 효율적으로 막기 위해 필요한 수군을 양성하는 일은 뒤로 밀렸고, 재정도 뒷받침되지 못했다.

1372년 수백 척의 전함을 건조하고 바다에 익숙한 해안 지방 출신자들로 구성된 수군을 설치할 수 있게 되면서, 왜구 토벌의 전기가 마련되었다. 이어 우왕 대에는 화통도감이라는 관청을 설치하여 화포, 화통 등 화약 무기를 공급할 수 있게 되었고, 이에 따라 원거리에서 왜구의 배를 격파하는 전술적인 혁신도 뒤따랐다.

또한 수군을 지속적으로 양성하고 연해 지역과 내륙에 방어시설을 설치했으며, 버려졌던 읍성을 수축하는 등 왜구의 침략에 대비했다. 1380년 왜구 격퇴는 이전과 달라진 고려의 대응 능력을 잘 보여준다. "고려군이 500여 척의 왜선을 화포를 이용해 불태우니, 왜구들이 내륙으로 달

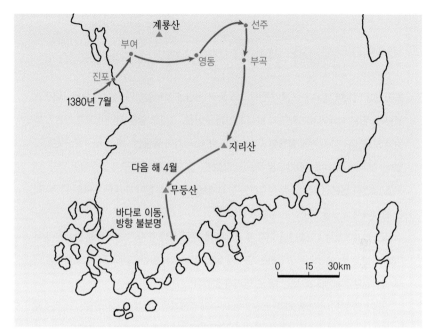

● 자료 1. 1380년 진포대첩과 왜구의 이동 경로

아났다. 다음 해 도망한 왜구를 쫓으니 이때 포획한 말이 1600여 필이고 살아 도망간 왜구는 70여 명에 불과했다" 는 기록이 남아 있다. 왜구 토벌에 자신감을 얻은 고려는 1389년 왜구 침략의 중간 기착지로 이용되던 쓰시마를 정벌하는 등 더 적극적인 대응도 할 수 있게 되었다.

한편 왜구의 잦은 침략과 이에 대응한 군사 활동은 고려에서 새로운 무인 세력이 성장하는 계기가 되었다. 13세기 후반 이후 고려 정부는 무인들의 사적 지휘 체계에 의존하여 군사를 징발했는데, 왜구가 자주 침입하면서 장기간 군사 활동에 동원되자 이들은 점차 지휘관의 사병으로 인식되었다. 또한 이들을 지휘하는 무인은 우왕 대에 원수로 불리면서 각 도의 군사력을 관할하는 상설직이 되었다. 왜구의 침입 양상이 대규

왜구의 주체와 활동 성격을 둘러싼 논란

동아시아 역사에서 14~16세기 한반도와 중국 연안을 노략질하던 해적은 모두 '왜구'로 불린다. 일본 학계에서는 왜구의 발생 원인과 구성원, 그리고 활동 지역이 크게 다르기 때문에 보통 14~15세기에 활동한 '전기 왜구'와 16세기에 활동한 '후기 왜구'로 구분하고 있다. 한국 학계에서는 한반도를 주로 침략했던 '전기 왜구'에 연구가 집중되어 있다. 왜구를 당연히 일본인 해적으로 생각하는 한국에서는 외세의 침략에 대한 민족의 항쟁이라는 관점에서 왜구를 연구하는 사람이 많았다.

일본 학계에서는 1960년대 이후 후기 왜구를 중국 국내의 사정으로 인해 발생한 밀무역에 초점을 둔 상인으로 규정하는 연구가 일반화되었다. 반면 그때까지 전기 왜구에 대해서는 일본인 해적으로 보는 데 큰 이의가 없었다.

그러나 1980년대 이후 고려·조선인이 왜구의 주체라는 학설이 등장하면서, 제주도 해민(海民)과 왜구가 관련이 있다는 연구가 이루어지기 시작했고, 1990년대부터는 왜구를 중국·조선·일본의 경계 지역에 살던 '국적과 민족을 초월한 인간 집단'으로 이해하려는 지역 이론이 일본 학계를 중심으로 제기되었다. 지역 이론도 왜구가 일본인 단일 집단이 아니라는 견해를 뒷받침하고 있다. 그러나 대다수 한국 연구자들은 이런 견해들이 주로 15세기 후반 이후 왜구의 상황에 대한 연구에서 제기된 것이며 사료적 근거도 충분치 않다고 비판한다.

왜구의 활동 성격에 대해서도 인식의 차이가 드러난다. 1990년대 이후 왜구가 16세기에 성립된 중국·조선·일본·대만·류큐·동남아시아를 연결하는 해상 중계 무역망 속에서 무역 활동을 하는 상인(商人)이라는 견해가 제기되고 있다. 그러나 왜구가 상인이었다는 주장이 왜구의 약탈적·군사적 성격을 희석시켜 버린다고 지적하는 견해도 있다.

인식의 차이는 왜 좁혀지지 않을까? 가장 큰 이유는 왜구에 관한 자료가 부족하기 때문이다. 하지만 지금까지의 연구가 자기 나라 역사 인식의 틀 속에서만 이루어졌기 때문이라는 지적도 있다. 어떻게 하면 자료의 부족을 보완하고 역사의 실체에 접근할 수 있을까?

모로 바뀌자 여러 지역에 걸친 광범위한 군사 작전이 필요해졌고, 이에 따라 여러 원수 휘하의 군대를 총괄할 수 있는 상급 지휘관이 권력을 거머지게 되었다. 이러한 무인의 대표적인 예가 이성계이다. 그는 위화도 회군을 통해 고려 전체의 군권을 장악한 후 1392년 고려를 대신하여 조선을 세우게 된다.

고려에 이어 성립한 조선 정부는 전보다 횟수와 규모는 줄었으나 지속되는 왜구의 침략을 단속하기 위해 노력하였다. 때로는 1419년 쓰시마 정벌과 같은 강경책을 사용하기도 하였으나, 주로 회유책을 사용하였다. 왜구를 막고 왜구에게 잡힌 포로를 돌려주는 대가로 규슈 지역 실력자들에게 통상을 허가하는 경제적 혜택을 주었다. 쓰시마 도주에게는 조선에 왕래하는 왜인에 대한 통제권과 책임을 부여하였다.

조선의 적극적인 왜구 통제 정책은 남북조 내란이 끝나면서 안정되어 가는 일본 국내 정세와 맞물려 왜구 침략이 크게 감소되는 효과를 가져왔다.

16

왜구와 동아시아

왜구는 한반도 사람들에게 막대한 피해를 입혔다. 왜구가 발생한 무대인 일본과 한반도를 포함한 동중국해에 어떤 사회 정세의 변화가 있었을까?

왜구의 출현

1350년 2월, 왜구는 한반도 동남부 경상도 연안을 습격했지만 격퇴당했다. 조선시대에 편찬한 『고려사』에는 "왜구의 침입은 이것으로 시작된다"고 기록되어 있다. 실제로 해적들의 한반도 남부 습격은 13세기 전반부터 자주 되풀이되었고, 왜구의 한반도와 중국 연안 습격은 16세기 말까지 계속되었다. 이 글에서는 15세기 전반까지의 왜구, 즉 주로 한반도를 비롯한 중국 요동반도나 산동성 방면을 황폐화한 '전기 왜구'를 다룬다.

왜구의 연대별 한반도 침략 횟수와 주요 침략 지역을 살펴보자.

왜구의 침략 횟수	조선	중국	왜구의 침략 횟수	조선	중국
1220년대	6	–	1370년대	112	9
1260년대	2	–	1380년대	122	4
1280년대	1	–	1390년대	69	9
1290년대	1	–	1400년대	50	13
1320년대	1	–	1410년대	10	14
1350년대	34	–	1420년대	18	7
1360년대	28	–	1430년대	7	4

● 자료 1. 왜구의 동아시아 침략 횟수(1220~1430)

자료 1을 보면 알 수 있듯이 왜구 침략이 가장 많았던 시기는 1370년대부터 1380년대까지다. 왜구는 적을 때는 10여 척의 배를, 많을 때는 400여 척의 대선단을 이끌고 나타났다. 주로 세금으로 걷은 쌀을 운반하는 선박과 보관 창고를 습격해서 미곡을 약탈했으며, 노예로 팔아넘기기 위해 그 지역 백성과 관리 들을 납치했다. 지방 관청과 주민이 피난을 가면 말을 타고 내륙 깊숙한 곳까지 침입해 들어와 그 지역의 백성들에게 커다란 피해를 주는 왜구도 있었다. 왜구가 가장 극성을 부리던 시기에는 고려의 수도 개경 근처까지도 자주 공격을 했다.

왜구에게 납치당한 사람들은 상당히 많았다고 생각되는데, 그 수는 확실하지 않다. 납치된 사람들에게는 어떤 운명이 기다리고 있었을까? 1429년 일본을 방문한 통신사 박서생은 이렇게 보고하고 있다.

왜구는 옛날부터 우리나라를 침략하여, 우리 백성을 납치해서 노비로 만들기도 하고, 혹은 먼 나라에 팔아넘겨서 돌아오지 못하게 했습니다. 부모형제들은 괴로워하면서 이를 갈고 분해했습니다. 하지만 아직도 원수를 갚지 못한

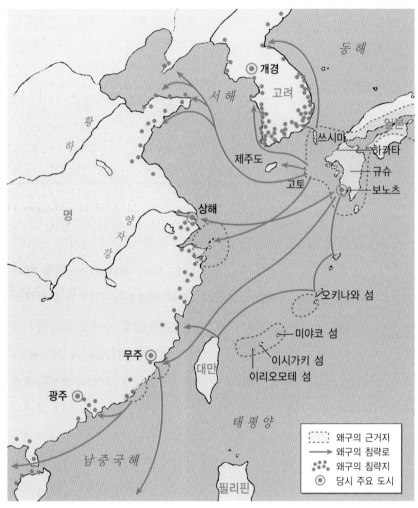

● 자료 2. 왜구의 동아시아 침략

자들이 얼마나 많은지 모릅니다. 제가 가는 곳에 배가 정박할 때마다 납치된 사람들이 돌아가고 싶다며 울부짖는데, 그 주인이 채워둔 족쇄와 고랑에 발이 묶여 소원을 이루지 못하고 있습니다. 정말 마음 아픈 일이 아닐 수 없습니다.

● 자료 3. 당시 중국인이 묘사한 왜구의 모습

자료 3은 16세기 중국 연안을 습격한 왜구의 모습을 당시 중국인이 묘
사한 그림으로, 그 이전의 왜구에 대한 그림은 남아 있지 않다. 중국식
배나 깃발의 모양 등 14~15세기 왜구의 모습과는 다른 점이 많다고 생
각되지만, 배에서 내려 무기를 들고 약탈하러 가는 모습이 생생하게 보
인다.

한반도의 정세와 왜구에 대한 대응

왜구의 습격을 처음 받았을 때, 고려는 바로 대책을 세울 수 없었다. 당
시 고려는 왕실과 권문세가의 농장이 확대되면서 국가의 조세가 감소했

다. 따라서 관료들에게 월급을 줄 수 없을 정도였고, 백성들에게 부과되는 세금도 무거워졌다. 백성은 가혹한 노역에 시달리다가 아내와 자식을 팔기도 하고, 결국에는 고향을 버리고 도망하는 이들이 늘어났다. 병사들에게 지급되는 전지도 부족했으며, 군대도 먹고 입을 것이 없어 도망가는 병사들이 줄을 이었다.

이런 지방 정치의 문란으로 왜구에 대한 준비를 제대로 갖출 수 없었다. 그뿐 아니라 곤궁한 백성이나 사회에서 차별을 받은 천민들 중에는 왜구의 이름을 빌려서 침략 행위를 저지르는 사람들도 생겼다.

그 후 고려는 왜구를 물리치기 위해 지방의 군대를 늘리고 성을 쌓고 수군을 강화했으며 새로운 화약을 이용한 무기도 만들었다. 왜구를 격퇴한 고려 장군 중에서는 최영과 이성계가 유명하다. 또 박위는 1389년에 왜구의 근거지인 쓰시마를 공격했고, 포로 100여 명을 데리고 돌아왔다. 고려는 군사 대책을 수립하면서 동시에 무로마치막부나 북규슈에서 권력을 쥔 자들에게 여러 차례 사절을 파견해 왜구의 단속을 요청했다.

1392년 이성계가 조선 왕조를 세우면서 새로운 지배 체제가 재정비되자, 지방의 지배 질서도 안정되었다. 조선은 일본의 무로마치막부에 승려 각추를 파견해서 왜구 진압에 협력해 달라고 요청했다. 1419년에는 쓰시마를 정벌하는 한편, 투항한 왜구에게 전지나 관직을 주어서 침략 행위를 그만두게 했다.

조선은 또한 쓰시마의 소 씨나 북규슈의 유력 무사들에게도 왜구에 납치된 사람들의 송환을 요구했다. 그리고 이들이 왜구에 가담하지 않도록 관직을 내리고, 교역의 특권을 인정해 줌으로써 통제를 하기 시작했다. 조선은 이들에게만 교역의 특권을 주는 대신, 왕래할 수 있는 선박을 조선의 국왕에게 보내는 사절을 태운 세공선으로 한정하는 등 배의 숫자도 제한했다. 일본에 파견한 조선 사신 신숙주가 쓴 『해동제국기』(1471년)에 따르면, 쓰시마의 소 씨에게 연간 50척, 그 일족에게 23척의 세공선 파견을 인정했다. 그 밖에 연간 1~2척의 세공선을 인정받은 사람이 40명, 1척을 인정받은 사람이 27명이었다. 또 조선 국왕에게 관직을 받은 수직왜인(受職倭人)이 26명 있었는데, 그들은 1년에 한 번 내항할 수 있었다.

왜구가 발생한 무대

왜구는 단일한 지휘 계통하에 있는 고정 집단이 아니고, 당시 중국이나 한반도를 습격한 모든 해적을 말한다. 왜구의 주체 집단은 이키, 쓰시마, 마쓰우라 지방에서 어업이나 해운으로 생계를 유지하던 해민이었다.

1395년 조선의 왜구 진압 요청에 응해 무로마치막부가 왜구에 납치된 570여 명을 송환했을 때, 조선에 보낸 문서에서도 "해적은 배에서 생활하면서, 바람이 부는 대로 이동해 머무르는 곳이 일정하지 않다"고 쓰여 있다. 다음은 후기 왜구에 대한 사료로서, 해민의 모습을 구체적으로 보여준다.

> 가연조기는 하카타 등지의 섬에 살면서 평소에는 처자를 배에 태우고, 해적 행위를 일삼고 있다. 얼굴색은 검고 머리는 누런색으로, 언어나 의복은 다른 일본인과 다르다. 활을 잘 쏘고, 칼을 사용하는 데도 능숙하다. 물속에 들어가 배 밑바닥에 구멍내는 짓을 잘한다. (『조선왕조실록』)

왜구들의 활동 무대였던 북규슈에서 한반도 남해 연안 지역에 이르기까지 어업과 해운에 종사하는 해민들은 공통된 생활권을 이루며 살았다. 그들의 풍습은 공통점이 많았다. 일상적으로 바다를 건너 왕래하는 해민들에게 국경 따위는 없었다. 제주도 출신의 해민도 왜구와 비슷한 약탈행위를 했던 것 같다. 그들은 어떤 때는 왜구가 되었고, 어떤 때는 해상교역을 담당하는 상인이나 뱃사람으로 활약했다. 한반도 남부와 북규슈 연안 지역 해민들의 공통성은 다음 사료에서 볼 수 있다.

> 사천, 고성, 진주 등지에 제주도의 '두독야지'라 불리는 사람들이 나타났다. 처음에는 2~3척이었는데 나중에는 32척으로 늘어 해안에 임시 거처를 만들었다. 의복은 왜인의 것도 섞여 있었으며, 언어는 왜어도 중국어도 아니었다. 배는 왜선과 비교하면 상당히 튼튼한 것 같고, 배의 속도도 빠르다. 평소에는 낚시를 하거나 해초를 따면서 생활했고, 군현의 관청도 이런 사람들에게 세금을 물릴 수 없었다. 근처 사람들은 조선인을 습격한 것은 이런 사람들이 아닐까 의심하고 있다. (『조선왕조실록』)

규슈 연안의 해민이나 지방 무사가 해적이 된 것은 지방 무사들 간의 항쟁이나 남북조의 내란 등에서 몰락한 무사들이 생활하기가 어려워져 한반도와 교역이나 약탈을 통해서 살 길을 찾으려 했기 때문이다.

1333년 가마쿠라막부가 멸망하고, 천황을 중심으로 한 귀족 정치가 부활했다. 그 후 바로 아시카가 다카우지가 교토에 다른 천황(북조)을 옹립하자 남북조 내란(1336~1392)이 시작되었다. 다카우지 씨는 무로마치 막부를 열고 많은 무사를 자기편으로 만들었지만, 무사들 사이의 대립이 발생하면서 내란이 장기화되었다. 특히 규슈는 남조 세력이 강했다.

1372년에 무로마치막부는 다자이후를 점령하고 드디어 북규슈까지 지배하게 되었다. 그러나 왜구는 중앙정부의 지배에 따르지 않는 독자적인 집단이었기 때문에 막부의 영향을 받지 않았을 뿐만 아니라, 오히려 싸움에 패한 지방 무사들이 왜구에 가담하면서 왜구의 세력이 더더욱 강해졌다.

왜구로 활약한 인물들의 이름은 대부분 기록에 남아 있지 않다. 그러나 다음 기록은 쓰시마 왜구 수령의 한 사람인 소다 일족에 대한 내용이다. 이 기록으로 알 수 있듯이 왜구는 해적이면서 쓰시마의 실력자, 상인, 조선 국왕의 신하 등 복잡하고 다면적인 모습을 띠고 있다.

사에몬타로

유력 가신으로, 주군을 대신하여 1418년 쓰시마의 실권을 잡았다. 다음 해 5월 쓰시마, 이키의 왜구를 30여 척의 배에 태우고 황해도 해주 등을 습격하고, 6월에는 요동의 망해과(望海堝)를 습격했다. 1420년 사절단 송희경이 교토로 향하는 도중 쓰시마에 들렀을 때, 쓰시마가 경상도에 속한다는 조선의 주장에 대해 사절단 측에 항의했다. 1426년에는 내이포, 부산포 이외의 항구를 개방하고 거제도에 논을 지급해서 경작하는 것을 허가해 달라고 조선에 요구했다.

사에몬타로의 아들 로쿠로지로

1431년 11월, 로쿠로지로가 류큐 사신과 함께 조선 국왕 세종을 알현했다. 그때 류큐 사신은 "작년 6월 쓰시마(해적 두목) 로쿠로지로의 상선이 류큐에 온 차에, 그 배편으로 조선에 올 수 있었다"고 말했다. 또 1433년에는 류큐의 배 만드는 목수가 표류로 조선에 오게 되자 그를 송환해 달라는 의뢰를 받고 쌀과 콩 50석을 지급받았다.

로쿠로지로의 아들, 다이라 시게쓰구

그의 어머니는 경상남도 고령현 출신으로 고려 말에 쓰시마에 납치되어 온 사람이었다. 『해동제국기』에는 해적의 한 사람으로 기록되어 있다. 조선에서 관직을 수여받은 사람이기도 했고, 통교 시에는 쌀과 콩을 하사받았다. 한때는 투항한 왜구의 신분으로 조선에서 살기도 했다.

동중국해 해상 교역의 확대

왜구의 활동이 지속될 수 있었던 것은 12~13세기경부터 동중국해 교역의 발전으로 해상 수송의 담당자였던 해민의 활동이 활발했기 때문이다.

원 제국은 교역의 확대를 꾀했지만, 1368년에 세워진 명은 농촌의 안정을 중시하여 상품 생산과 화폐 유통을 제한하고 그와 동시에 해외 이주를 금지하는 해금 정책을 단행했다. 그래서 해외와의 교역은 황제로부터 국왕에 봉해진 나라들의 공식 사절을 통한 조공으로만 이루어졌다.

이런 상황 속에서 류큐 왕국의 교역선은 명에 조공하는 것을 이용해서 동남아시아의 향신료를 중국에 가져가고, 중국산 원사와 도자기를 동남아시아에 팔았다. 자료 4 그때 외교문서를 작성하고 항해를 담당한 것은 화교였는데, 그들 중 많은 사람들이 복건성 출신이었다. 복건성 상인들은 동남아시아 각지에 거류지를 만드는 등 실질적인 교역의 담당자였다. 류큐는 1389년 고려에 첫 사신을 파견하고 왜구에게 잡힌 고려인을 송환했으며, 유황과 염료용 식물인 소목·후추·투구 등을 헌상했다. 그러나 그 후 조선과의 교역은 대부분 규슈의 상인이나 왜구의 중개로 이루어졌다.

일본의 무로마치막부도 1404년 아시카가 요시미쓰가 명의 황제로부터 일본 국왕으로 인정받고, 조공 무역을 시작했다. 이것을 감합 무역이라고 한다. 감합선은 모두 절강성 영파에 상륙했다. 막부, 유력 다이묘, 사원과 신사, 그리고 하카타와 사카이 지역의 상인들이 이 교역에 투자하면서 동시에 교역에 참여했다. 일본의 공물은 칼·유황·동이 주요 품목이었고, 중국에서 동전(영락통보)·원사·도자기 같은 품목을 수입했다. 중국의 원사는 20배, 일본의 동은 4~5배로 팔려 그 이익이 상당했다.

● 자료 4. 류큐 왕국의 진공선

일본 서해 연안 아오모리 현에 있는 도사미나토 항구는 모피와 해산물이 풍부한 홋카이도와 사할린을 경유해 대륙으로 들어가는 항로와 일본 서해 연안에서 교토로 가는 항로의 중개 지점이었다. 그 지역 유적에서 중국산 도자기와 영락통보가 대량 출토되었다. 그 지역의 지배자 안도 씨는 홋카이도 남부의 오시마 반도까지 세력을 뻗쳐 아이누와의 교역을 지배했다.

이와 같은 동중국해 해상 교역의 발전을 바탕으로 일본과 한반도를 연결하는 교역도 활성화되었고 일본은 많은 이익을 얻게 되었다. 일본에서는 아시카가 씨를 비롯해, 쓰시마의 소 씨나 북규슈의 유력자들이 줄지어 조선에 사절을 보냈다. 그들 대부분은 사절들의 진상과 그것에 대한 조선 국왕의 회사(답례품)라는 형태로 이루어지는 교역이 목적이었다. 당시의 교역품은 조선에서는 면포·호랑이 가죽·표범 가죽·화문석·인삼 등이고, 일본에서는 동·유황·칼·부채·후추·염료용 식물이 주요 품목이었다. 또 일본 사신들은 『고려대장경』까지 요구해서 50부 이상이 일본으로 건너갔다.

조선과의 교역을 위한 입항지는 처음에는 제한이 없었다. 그러나 상륙한 상인들이 각 지역에서 주민들을 약탈하기도 하고 칼로 사람을 다치게 하는 등 말썽을 일으켰다. 쓰시마 정벌 후에 조선 왕조는 내이포와 부산포의 두 항구만 개방했다. 1426년에는 여기에 염포를 추가했고, 조선에 거주하는 일본 인구도 점차 늘어나 1494년 조선에 거주하는 왜인은 525여 가구에 총 3105명이었다. 이처럼 조선 왕조는 대한해협 주변의 해민들에게 교역 활동의 장소를 제공하는 동시에 쓰시마의 소 씨에게 삼포(교역을 인정한 세 항구) 상인들의 불법 행위를 단속하게 하여 왜구의 움직임을 봉쇄하려 했다.

역사적 배경

왜구는 식량을 약탈하고 주민을 납치하는 등 한반도 남부 백성들을 괴롭

히고 큰 피해를 입혔다. 그런 왜구를 무력으로 물리쳤다는 사실을 아는 것도 중요하지만 다음의 사실들을 생각해 보는 것도 필요하다.

왜 왜구라고 하는 위험한 존재가 나타났을까? 왜 그들을 간단히 억누르지 못했을까?

이런 의문들을 이해하기 위해서는 자국 역사의 틀 안에서만 역사를 바라볼 것이 아니라, 왜구 활동의 무대인 현해탄과 동중국해 해상 교역 관계의 역사를 이해할 필요가 있다.

당시 사람들이 어떻게 왜구를 없앨 수 있었을까에 대해 생각하다 보면, 그 시대의 사회구조를 분명하게 알 수 있고, 왜구의 확대를 막기 위해 노력한 사람들의 노고를 이해할 수 있으며, 그 대책의 의의와 문제점을 알 수 있게 된다.

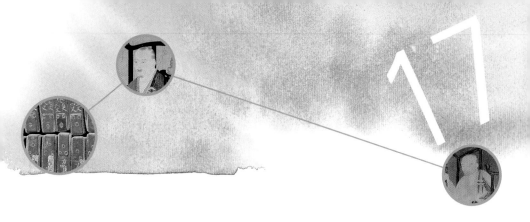

불교의 나라 고려

고려는 불교 국가였다. 불교는 종교적 차원을 넘어서 지배 이념으로 활용되었으며, 사회 규범이자 생활 규범이었다. 어떻게 고려시대에 불교가 유행하게 되었고, 고려시대 불교는 어떤 특징을 갖고 있었을까?

고려 왕실과 정부는 왜 불교를 보호했을까?

고려를 건국한 태조 왕건은 "내가 왕이 된 것은 부처님이 지켜 주었기 때문이다", "연등회와 팔관회 두 행사를 줄이지 말라"는 유언을 남겼다. 4대 광종은 과거제도를 만들면서 승려를 대상으로 하는 과거도 실시하였다. 다른 관리처럼 승려가 승진하는 제도도 마련하였다. 여기에는 불교를 통제하려는 의도가 숨겨져 있었지만, 국가가 승려의 지위를 법적으로 보장한다는 의의도 있었다. 이제 승려는 단순한 종교인이 아니었다.

　승려는 병역을 비롯한 각종 의무를 면제받고, 임금이나 나라의 스승이 될 수도 있었다. 사찰에는 토지와 노비가 지급되었으며, 세금을 면제받

● 자료 1. 팔만대장경 판

는 등 많은 특권을 누렸다. 나아가 사찰은 많은 토지를 바탕으로 농장을 운영하고, 각종 대출 사업을 벌여 부를 쌓았다. 또 사원은 불경이나 연등을 만들 때 많은 종이가 필요했기 때문에 당시 귀하고 비싼 종이를 직접 제작·판매하였다. 종이 이외에도 기와와 차(茶), 심지어 술을 만들어 팔기도 하였다. 이렇게 고려시대 사찰은 토지와 노비를 소유하고, 상업과 수공업, 고리대금업 등을 통해 막대한 부를 축적하였다. 왕실이나 귀족들은 사찰을 통해 재산을 숨기기도 하였다.

고려 왕실과 정부는 왜 이렇게 불교를 우대했을까? 불교는 왕권을 강화하고, 귀족층의 지배를 종교적으로 정당화하고 옹호하였기 때문이다. 왕실과 귀족들은 불교를 통해 국가 안정과 권력 유지를 꾀할 수 있었다. 이런 점은 고려 정부가 국가적 차원에서 실시한 대장경 간행 사업에서도 잘 나타난다.

대장경은 각종 불교 경전을 한데 모아 일종의 백과사전처럼 만든 것이다. 고려는 세 차례의 목판 대장경을 만들었는데, 11세기 거란의 침입 당시 부처님의 힘을 빌려 극복하려고 만든 것이 『초조대장경』이다. 6000여 권에 달하는 이 대장경을 만드는 데 70여 년이 걸렸는데, 이때 빠진 것을 모아 11세기 말 대각국사 의천의 주도 아래 만든 것이 『속장경』이다. 그러나 『속장경』은 몽골의 침략으로 불에 타 없어졌다. 이에 고려 정부는 대장경 판을 다시 조각하기 시작, 전란 속에서 13세기 중반 『재조대장경』(『팔만대장경』, 『고려대장경』) 자료 1을 조판하였다. 이 대장경 판은 준비 기간까지 모두 16년이 걸려 완성되었는데, 총 8만 1258장에 글자 수는 무려 5200만 자로 추정되는 대규모 사업이었다.

　　고려 왕실과 정부가 불교를 숭상한 의도는 국가적 차원에서 실시한 각종 불교 행사를 통해서도 알 수 있다. 기록에 전하는 불교 행사만 하더라도 그 종류가 80가지가 넘고, 행사가 열린 총 횟수는 1000회가 넘는다고 한다. 불교 행사는 매년 정기적으로 열리는 것 외에 사회적 재앙이나 자연 재해, 이민족 침입 등이 있을 때에도 열렸다. 행사의 목적은 국가의 안정과 태평을 기원하는 것이었다.

교종과 선종을 왜 통합하려 했을까?

고려 건국 이후 불교계는 교종과 선종으로 나뉘어 있었다. 교종은 신라 왕실과 귀족을 위한 불교였고 화엄종이 중심 교단이었다. 선종은 신라 말부터 크게 유행하여 고려를 건국한 왕건과 같은 호족들의 사상적 기반이 되었다. 고려 왕실은 교종과 선종 모두를 포용하는 정책을 폈다. 종교

의 분열은 곧 지배 세력과 사상의
분열을 의미하였기 때문이다.

● 자료 2. 대각국사 의천

그러나 고려 사회가 귀족 중심의 사회로 변해 가면서 귀족 불교인 교종이 득세하게 되었다. 교종인 화엄종과 법상종은 왕실 및 귀족들과 결탁하여 크게 발전하였다. 귀족들은 자신과 가문의 번영을 기원하는 절을 지었다. 여기에 자신의 자식들을 출가시켜 그 사원을 직접 장악하기도 하였다. 따라서 귀족들 간의 이해 대립에 따라 교종 교단 간의 대립도 벌어졌다.

이런 상황에서 고려 왕실은 귀족들의 세력 다툼을 막고, 각 종파 불교를 융합하는 통일적 교리가 필요하였다. 또 이를 바탕으로 교단 통합 운동을 추진할 필요가 있었다. 당시 중국 송에서는 교종과 선종을 절충한 교종 계통의 천태종이 발전하였는데, 이를 받아들여 해동천태종을 성립시킨 인물이 대각국사 의천이다.

의천자료 2은 11대 문종의 아들로, 아버지의 뜻에 따라 출가하였다. 그리고 중국 송으로 유학, 다양한 종파의 고승들로부터 학문을 익히는 가운데 천태종 개창의 뜻을 품게 되었다. 그 후 고려 왕실의 요청으로 귀국하여 천태교학을 정리하고 제자들을 양성하면서 천태종을 창시하였다. 의천의 활동으로 천태종은 왕실의 지원 아래 국가로부터 공인된 종파로서 널리 유행하였다.

교단 통합 운동과 천태종의 성립으로 새로운 교단 분위기가 형성되기도 하였다. 그러나 사회·경제적으로 문제가 되고 있던 불교의 폐단을 시정하는 대책이 뒤따르지 않아, 고려 불교는 다시 분열되었다. 게다가 천태종은 물론 교종이나 선종 계통의 종파 대부분이 권력층과 밀접한 관계를 맺고 있었던 탓에 타락 양상까지 나타났다. 재산을 축적하는 데 눈이 어두워진 사찰과 승려들로 인해, 국가 경제는 위축되고 민중들은 더욱 가난해졌다. 사회가 혼란해지면서 백성들의 인심도 크게 흔들렸다. 또한 문벌 귀족의 횡포에 반발하여 무신들이 정변을 일으켜 권력을 장악하는 등 정치적으로도 불안한 시절이 계속되었다.

지눌과 요세는 왜 결사 운동을 벌였을까?

이에 불교의 세속화에 대한 개혁을 요구하는 분위기가 나타나고, 불교 본연의 자세 확립을 주창하는 새로운 종교 운동인 결사 운동이 일어났다. 결사란 타락한 기존 교단에서 벗어나 뜻이 맞는 승려들끼리 참된 수행을 목적으로 결성한 자발적인 신앙 공동체를 가리킨다. 보조국사 지눌의 정혜결사와 원묘국사 요세의 백련결사가 대표적인 결사체였다.

의천과 달리 지눌자료 3은 왕족 출신도 아니고 어떤 정치적 의도를 가지고 출가한 것도 아니었다. 또 외국으로 유학을 가지도 않았으며 특정 스승에게서 배우지도 않았다. 그는 홀로 수행하며 자유롭게 공부하였다. 당시 불교는 각 종파 간의 대립과 승려의 타락이 노골화되고 있었으며, 선종과 교종의 대립도 극심하였다. 지눌은 파벌을 지양하고 교종의 가르

침을 무시하지 않으면서 선종의
가르침에 충실하였다. 그리고「권
수정혜결사문」을 발표하여 명리에
집착하는 당시 불교계의 타락상을
비판하였으며, 참선과 교학을 함
께 철저히 공부할 것을 강조하였
다. 지눌의 종풍은 고려 정권이 무
신 정변을 통해 권력의 중심이 문
신에서 무신에게로 옮겨지는 상황
에서 개혁을 내세운 무신들에게
큰 환영을 받았으며, 무신들의 보
호와 지원을 받으며 민중들로부터
도 커다란 호응을 받았다.

● 자료 3. 보조국사 지눌

요세는 지눌과 비슷한 시기에 결사 운동을 전개하였으나 지눌과 달랐
다. 지눌이 지식인과 선승 들을 중심으로 참선 수행에 치중한 데 비해
요세는 대중들이 접근하기 쉬운 지성스런 예불과 염불, 참회를 강조하였
다. 이런 요세의 결사 운동은 중앙 지배 권력과 결탁하지 않고 지방 민
중의 기반 위에서 성장하여 불교 대중화에 기여하기도 하였다.

결사 운동은 고려 불교가 '사찰' 중심에서 '결사' 중심으로 전개되는
계기가 되었다. 불교 개혁 운동은 불교를 누구나 가까이 다가갈 수 있게
만들었다. 그러나 몽골의 침략과 원의 간섭을 받으면서 귀족 세력들과
연결된 세속화된 승려들이 다시 주도권을 잡게 되자, 불교 개혁 운동은
쇠퇴의 길로 접어들었다. 이들은 고려 왕실과 권문세족의 후원을 받아

막대한 농장을 소유하였고, 고리대업을 통해 경제적 부를 축적하였다. 이제 불교는 혼란한 고려 사회를 지도할 수 있는 정신적 이념으로서 기능하지 못하게 되었다. 그래서 조선을 건국한 신진 사대부 세력들은 성리학을 불교를 대신할 새로운 지배 이념으로 삼았다.

민간에서 왜 기복 불교가 유행했을까?

불교는 본래 브라만교의 '고행'과 '카스트 제도'를 전면 부정하면서 성장하였다. '신분에 관계없이 누구나 깨달으면 부처가 될 수 있다'는 것이 불교였다. 불교는 계급을 부정하고 신분을 초월한 종교이다. 따라서 신분적 차별을 받는 민중들에게 불교는 환영받을 수밖에 없는 종교이기도 하였다.

고려시대 불교가 민간에서 유행했던 것은 과연 이런 이유에서였을까? 고려시대 사회 개혁 운동 가운데 불교와 관련된 것이 있기는 했지만 민중들에게 그리 큰 영향을 주지는 못했다. 고려시대 일반 백성들에게 '피곤하게 지켜야 할 계율'이나 '쉽게 알아들을 수 없는 복잡한 교리'는 오히려 또 다른 고통을 가져다주었다. 그럼에도 불구하고 일반 민중들에게도 불교가 유행하였다. 왜 그랬을까?

고려 민중들은 지배계급에게서 차별을 받는 것보다 육체적 고통으로부터 벗어나는 것이 절실하였다. 불교는 이러한 민중들의 요구에 부응하는 요소를 갖고 있었다. 민중들에게는 '무병장수'나 '소원 성취'와 같은 현실적 복을 비는 기복 불교, 즉 교리를 몰라도 간단히 "나무아미타불"

만 외면 "극락에 갈 수 있다"는 정토 신앙이 더 친근했다. 경전이나 참선 공부보다 기도를 중심으로 수행하는 염불 신앙이 훨씬 쉬웠다. 현재는 괴롭지만 행복이 가득한 미래 세계인 극락을 그리며 그들은 현세의 고통을 이기려 하였다.

● 자료 4. 산신각의 산신령도

자료 4는 어느 사찰의 전각에 그려진 그림이다. 백발의 신선이 앉아 있고, 호랑이가 신선을 호위하고 있다. 호랑이는 한국을 상징하는 동물이다. 불교에서는 사자나 코끼리 등을 신성시한다. 그런데 왜 사찰에 불교와 무관하게 여겨지는 산신과 호랑이가 있는 것일까? 대개 산신을 숭배하는 신앙은 예전부터 내려오던 고유의 신앙이었다. 불교가 이를 포용하면서 산신이 부처님을 지키는 역할을 하게 된 것이다. 이처럼 산신각은 불교가 한반도에 토착화해 온 과정을 알려주는 좋은 증거이기도 하다.

기복적인 성격 외에도 불교가 민간에 널리 유행했던 또 다른 이유로는 불교가 고유의 민간신앙을 그대로 포용·흡수한 점을 들 수 있다. 예전부터 민간에서 산신령이나 북두칠성 등을 숭배해 오던 신앙들이 불교가 한반도에 도입되던 초기부터 그대로 불교에 수용되었다. 이는 민중들의 요구를 반영한 것이라고 할 수 있는데, 고려시대에도 산신각이나 칠성각

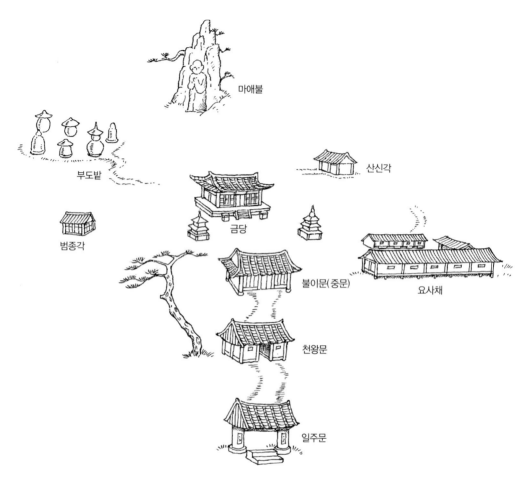

마애불

부도밭

산신각

범종각

금당

불이문(중문)

요사채

천왕문

일주문

● 자료 5. 한국 사찰 배치도

과 같은 민간신앙이 사원에 그대로 유지·계승되었다. 결국 민중들에게
는 부처님보다도 오래 전부터 가까이 숭배하던 산신이나 칠성신이 더 친
근했을 것이다. 불교는 이런 점을 무시하지 않고 포용하여 자료 5에서처
럼 절 뒤 한쪽에 삼성각, 산신각, 칠성각 등을 마련하였다. 이런 전통은
지금까지도 그대로 계승되고 있다.

칠성각

칠성각은 북두칠성을 신으로
모신 건물이다. 이 신앙은 원
래 중국에 불교가 도입될 때
불교와 도교의 마찰을 해소하
기 위해 도교를 포용하면서 비
롯된 신앙이다. 이후 한국에
들어와 절의 수호신으로 자리
잡았다. 칠성각에는 대개 자
료 6과 같은 불화가 걸려 있

● 자료 6. 칠성각의 칠성불화

다. 이 그림의 중앙에는 본존
불이 있고, 아래에 보살 두 명이 서 있다. 칠성은 이를 둘러싼 7명의 부처로 표현된다.
이들 칠성신은 장애·재난·병을 없애 주고, 수명을 연장해 주며, 아들을 낳게 해주고,
또한 재물을 늘려 주고, 재능을 돋우어 준다 하여 널리 유행하였다.

불교 행사는 어떻게 축제 장소가 될 수 있었을까?

고려는 '축제의 나라'라고 할 정도로 다양한 축제가 있었다. 때에 따라
이루어지는 다양한 축제와 함께 연등회와 팔관회가 유명하였는데, 특히
팔관회는 불교와 전통 신앙이 어우러진 대규모 축제로, 외국인들도 참가
하는 범국가적 성격의 국제적 축제이기도 하였다.

본래 연등회와 팔관회는 모두 신라시대부터 내려오던 행사였다. 고려

시대 연등회는 대체로 매년 음력 2월 15일(초기 1월 15일, 말기 이후 4월 8일) 전국적으로 행해졌다. 연등회는 사찰과 왕궁은 물론 민가에서 연등을 달아 불을 밝힘으로써 번뇌와 무지로 가득한 어두운 세계를 밝게 비춰 주는 부처의 공덕을 기리는 의식이었다.

팔관회는 '살생하지 말고, 도둑질하지 말며, 간음하지 말며, 헛된 말 하지 말며, 음주하지 말라'는 불교의 오계에 '사치하지 말고, 높은 곳에 앉지 말며, 오후에는 금식해야 한다'는 세 가지 계율을 덧붙여, 이 여덟 가지 계율을 불교 입문의 상징으로 수여하는 의식이 발전한 것이다. 팔관회는 토속신에 대한 제전으로서 연등을 환히 밝히고, 술과 다과를 마련하여 왕과 신하가 함께 가무를 즐기면서 천지신명을 즐겁게 하여, 나라와 왕실의 안녕을 기원하는 행사였다. 개경에서는 11월에, 서경에서는 10월에 행해졌는데, 의식은 연등회와 마찬가지로 '작은 날(전날)'과 '큰 날(당일)'로 나뉘었다. 작은 날에는 왕이 절에서 예를 올리고 궁중에서 군신의 축하 및 지방관의 축하 선물을 받으며 큰 잔치를 베푸는 게 보통이었다. 큰 날에도 역시 축하를 받고, 여진·왜·아라비아 등지에서 온 상인들로부터 진상품을 받았는데, 이를 계기로 외국과 무역이 이루어졌다.

종교적인 행사도 행사지만, 연등회와 팔관회는 사람들에게 신기한 구경거리를 제공하는 장소이기도 하였다. 용이나 코끼리 등 각종 동물을 묘사한 가장행렬을 볼 수 있었고, 만나기 힘든 외국인들이나 낙타 같은 귀한 짐승들을 볼 수 있었다. 또한 연등회와 팔관회는 많은 사람들이 새로운 사람을 쉽게 만나 어울릴 수 있는 장소가 되었다. 그러다 보니 청춘남녀가 자유롭게 만나 연애를 할 수 있는 장소이기도 하였다. 밤을 밝

● 자료 7. 오늘날의 연등회

히는 등불과 횃불은 일대 장관을 이루었으며, 그 불빛을 바라보며 저마다의 소원을 빌곤 하였을 것이다. 이때는 남녀노소를 막론하고 함께 어울릴 수 있었다. 연등회와 팔관회 같은 축제는 고려인들에게 삶의 활력을 불어넣는 역할을 하면서 고려 문화를 한층 폭넓게 하였다.

　팔관회와 연등회뿐만 아니라 불교를 중심으로 이루어지는 각종 행사는 사람들의 일상생활에 널리 영향을 주었으며, 불교의 영향으로 고려시대에는 혼례·상례·제례가 불교식으로 자리를 잡아 갔다. 사찰은 결혼과 장례를 치르는 예식장이기도 하였으며, 다양한 형태의 문화 행사 공간으로서의 역할을 맡았다.

가마쿠라 신불교

6세기에 불교가 일본에 전래되었다. 그 후 8세기에 불교는 천황과 귀족의 불교로 번성했다. 그리고 무사 정권 시대인 13세기 중기부터는 무사와 서민들의 불교로 확산되기 시작했다. 왜 이런 변화가 일어났을까?

가마쿠라 불교의 성립 배경인
하치만 신앙과 아미타 신앙

옛날부터 전해오는 일본의 대표적 종교는 자연 신앙, 조상 숭배로서의 신도였다. 6세기에 중국과 한반도를 거쳐 일본에 불교가 전해졌던 초기에도 일본 사람들은 부처는 이웃 나라의 신으로 일본의 신과 같다고 생각했다. 그래서 신이건 부처건 상관없이 모두 다 받아들였다. 그리하여 신과 부처에게 풍작을 빌거나, 병과 재해가 없기를 기원했다. 특히 불교는 국가 질서를 옹호해 주는 국가적 종교로 조정의 융숭한 대접과 보호를 받았다. 그 결과 8세기에는 삼론종, 법상종, 성실종, 구사종, 화엄종,

율종 등 각 종파가 권위를 가지고 나름대로 지위를 확립할 수 있었다.

오이타 현 우사 지역은 해류와 풍향의 영향으로 고대부터 한반도와 교류가 활발한 지역이었다. 그래서 그곳에서 한반도식 구리 방울, 조선 종, 기와 등이 많이 발견된다.

여기서 호족들은 조상 숭배를 위한 신사를 짓고 오곡의 풍작을 기원했다. 하치만 신앙은, 4~5세기에 한반도에서 구리 채굴 기술을 가진 신라계 호족이 구리 광산의 보호신으로 신라의 신을 모시고 온 것이 계기가 되어 발생했다. 6세기 후반 한반도에서 벌어진 삼국 간의 전쟁을 계기로 북규슈 지역에 대한 지배를 강화한 조정은, 중국과 한반도의 선진 문화와 함께 들어온 불교의 영향이 강한 하치만 신을 황실의 수호신으로 받아들였다. 왜냐하면 하치만 신이 길흉을 예견하고 병을 치료하는 방법을 가르쳐 주기도 하고, 대불 건립이나 황위 계승 등 국가적 대사의 성패 여부를 예언한다고 생각했기 때문이다. 조정은 6~7세기에 우사 하치만 신사의 주변에 진구지(神宮寺)를 세워, 현세 이익을 기원했다. 진구지는 신사에 부속된 사원으로, 승려가 신 앞에서 경을 읽기도 하고 부처님의 영험한 힘을 빌리기 위해 기도를 하기도 했다. 더 나아가 조정은 9세기 후반에 오진 천황을 신으로 모시기 위해 교토의 이와시미즈 하치만 구 신사를 세웠다. 이 이와시미즈 하치만 구 신사를 나중에 분사해서 무사들의 신으로 모신 것이 가마쿠라의 쓰루오카 하치만구(鶴岡八幡宮)이다.자료 3

9세기에 구카이가 중국에서 밀교를 들여오자, 각지의 호족들은 부처의 영험한 힘을 빌리려는 염원과 부의 축적과 번영을 기원하는 마음을 담아 진구지를 짓고, 사원과 관계가 있는 신을 사원의 수호신으로 삼았

● 자료 1.「아미타여래내영도」

다. 이렇게 해서 일본에서는 신불 습합이 진행되었다. 그러나 이후 19세기 후반에 메이지 정부가 신도를 국교로 만들기 위해 신불 분리령을 내림으로써 이 사상은 금지되었다.

자료 1은 11세기경의 작품으로, 아미타여래가 많은 보살을 데리고 극락정토에서 구름을 타고 임종하는 자를 맞으러 오는 모습을 묘사한 것이다. 사후에 아미타불이 극락에 가고 싶어 하는 사람들을 맞으러 온다고 생각한 당시 사람들의 신앙이 제대로 반영된 작품이라고 할 수 있다.

11세기 중반 당시의 정치 권력자였던 후지와라노 요리미치는 교토의 우지에 있던 별장을 절로 고쳐서 아미타여래 상을 안치하는 아미타 당을 세웠다. 아미타 당의 벽이나 문에는 내영도가 그려져 있는데, 여기에 연못을 포함해 극락정토가 표현되어 있다.^{자료 1}

9~10세기경 사람과 육축(말·소·양·개·돼지·닭)의 죽음 등 피와 죽음에 관한 것들을 부정하다고 여기고, 그것을 기피하는 관념이 확산되었다. 그래서 더러운 것이 없는 청정한 세상을 추구하는 마음에서 극락정토를 염원하게 되었다. 사람들은 청정한 세계인 극락정토에 가기 위해서는 극락정토에 사는 아미타불을 받들고 "나무아미타불"을 외면 된다고 믿었다. 이것이 바로 아미타 정토신앙이다. 아미타 신앙을 가진 신자들은 건축이나 조각, 그림 등에 많은 돈을 들여서 극락정토의 모습을 현세에 재현했고, 사후에 자신이 극락정토에 가서 영원히 살게 해달라는 소망을 기원했다.

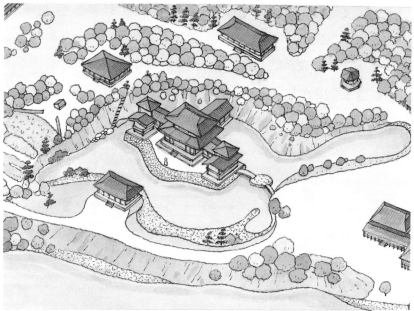

● 자료 2. 뵤도인 호오도의 복원된 정원(위)과 12세기 중기의 복원 이미지(아래)

가마쿠라막부와 불교의 관계

자료 3은 13세기 이전에 만들어진 하치만샤(八幡社) 중에서 성립 과정이 확실한 것을 표시한 것으로 하치만 신앙이 확산되는 상황을 보여준다.

무사 정권인 가마쿠라막부가 들어서면서 쓰루오카 하치만구는 막부를 지키는 신이 되었다. 그리고 『법화경』이 죽은 사람의 죄를 소멸시켜 준다고 믿었기 때문에, 귀족이나 상급 무사 들은 법화당에 무덤을 만들었다. 미나모토노 요리토모 역시 쓰루오카 하치만구 옆의 오쿠라에 저택을 지을 때, 자기 무덤으로 오쿠라 법화당을 짓도록 했다. 그리고 요리토모가 죽자 그곳에 묻혔다. 그래서 가마쿠라 무사들에게 쓰루오카 하치만구나 오쿠라 법화당은 중요한 장소였다.

겐지의 혈통이 끊어지자 가마쿠라막부의 정치는 집권 호죠 씨 중심의 정치로 변했다. 장군 미나모토노 요리모토의 아내가 호죠 마사코였기 때문이다. '집권'은 장군을 보좌하면서 정치를 하는 직책이다. 이런 변화 속에서 사회 구제 활동과 기술을 제공하여 막부 정치를 도와주는 역할을 했던 선종과 정토종, 율종이 막부의 보호를 받으면서 확산되었다.

선종에서는 송에서 공부하고 온 에이사이(榮西)가 차의 효용을 설명고, 불에 타 버린 도다이지 재건 사업을 담당하는 등 막부 시대의 사회 발전을 위해 노력했다. 나아가 13세기 중반에 집권 호죠 도키요리는 더욱 강력한 막부 정치 체제를 확립하기 위해, 무사들의 독자적인 문화를 창조하고자 교토의 귀족 문화를 그저 받아들이기만 한 데서 한 걸음 더 나아가 선종을 비롯한 중국 문화를 받아들였다. 그 상징적인 건축물이 선종 사찰인 겐초지(建長寺)다. 또한 필요에 따라 인재를 등용하는 시스

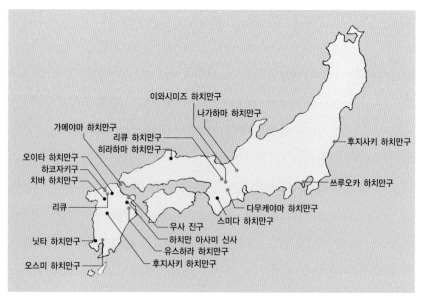

이와시미즈 하치만구
나가하마 하치만구
가메야마 하치만구
리큐 하치만구
히라하마 하치만구
후지사키 하치만구
오이타 하치만구
하코자키구
치바 하치만구
쓰루오카 하치만구
리큐
다무케야마 하치만구
스미다 하치만구
우사 진구
닛타 하치만구
하치만 아사미 신사
유스하라 하치만구
오스미 하치만구
후지사키 하치만구

● 자료 3. 하치만 신앙의 확산

템 또한 무로마치막부 시대가 되면서 더욱 활용되었다.

정토종의 한 승려는 기부금을 모아서 와카에지마를 구축했다. 와카에지마가 만들어지면서 바닷물이 얕은 가마쿠라에 좋은 항구가 생겨났고, 북규슈와 가마쿠라가 바닷길로 연결되었다. 따라서 교토보다 중국 문화를 받아들이는 것도 훨씬 더 유리해졌다. 또 집권 도키요리 때부터 정토종의 다른 승려는 아미타여래 상인 가마쿠라 대불을 만들기 시작했다. 이때 막부는 건립에 필요한 비용을 마련하기 위해 원에 무역선을 파견해서 자금 만드는 일에 협력했다.

율종은 승려가 지켜야 할 계율을 배우고 실천하는 종파로, 일반 신자를 포함하는 교단을 만들지 않았기 때문에 9세기 이후로 쇠퇴했다. 그러나 13세기경부터 다리를 만들어서 길을 내거나, 환자와 빈민, 고아를 돕는 구제 활동을 벌이면서 교단을 만들었다. 율종의 어떤 승려는 가마쿠라의 고쿠라쿠지(極樂寺)를 중심으로 약 40년간 한센병 환자를 구제하고, 다리와 항구를 정비하고, 신사나 절을 수리하는 등 사회 구제 활동을 벌였다.

가마쿠라 불교는 왜 무사나 서민에게 확산되었을까?

자료 4는 『잇펜히지리에(一遍聖繪)』라는 두루마리 그림이다. 잇펜(一遍)은 정토종의 일파인 시종(時宗)을 열고, 동료 승려들과 함께 전국 각지를 순례하면서 신자를 늘린 인물이다. 이 그림은 그가 순례하던 모습을 그린 것이다.

자료 4는 잇펜의 특징적 포교 방식인 '춤 염불'이다. 악귀를 내쫓기 위해 "나무아미타불"을 외면서 종을 치고 춤을 추고 있다.

12세기 정토종의 호넨(法然)은 다음과 같이 주장했다.

> 불상을 만들고 탑을 세우며 많은 책을 읽으면서 심오한 불교 이론을 공부해야만 구제받을 수 있다면, 그렇게 할 수 없는 빈민은 어떻게 하면 좋을까? 게다가 부자는 적고, 가난한 사람은 많다. … 그렇게 할 것이 아니라 오로지 일념으로 "나무아미타불"을 외면 누구라도 극락정토에 왕생할 수 있다.

또 제자인 신란은 다음과 같이 말했다.

● 자료 4. 춤 염불

> 자신의 죄를 자각한 악인을 구하는 것이야말로 아미타불의 본래 모습이다. 사람은 아미타불을 믿고 신심을 일으켜서 염불을 외면 구제받을 수 있다.

신란의 주장은 무사나 백성, 사냥꾼, 어부 등 살생하지 않으면 살아갈 수 없는 사람(악인)들에게 용기를 주었다. 또 신란은 승려지만 결혼을 해서 처자와 함께 살았다.

그리고 잇펜은 피차별민을 차별하지 않고 춤을 도입하여 상쾌함을 느낄 수 있는 춤 염불을 가르쳤다. 그들은 인간을 있는 그대로 받아들이며 가르쳤고 신앙 방법도 간단 명쾌했다. 엄격하게 계율을 지키지 않아도 좋았다. 그래서 그때까지 귀족이나 부유한 자들의 소유였던 아미타 신앙이 신흥 무사나 가난한 자를 포함한 서민층에 확산되었다. 그때까지 커다란 권위를 누리고 있던 천태종 등의 큰 사원 세력이나 가마쿠라막부는 신불교 신자가 늘어나 큰 힘을 갖게 될까봐 때로는 탄압을 가했다.

한편 법화종은 "나무묘법연화경"만 외치면 사람도 국가도 구제를 받을 수 있다고 했으며, 이를 주장한 니치렌(日蓮)의 이름을 따 '니치렌종(日蓮宗)'이라고도 했다.

13세기 후반에 동일본에서는 재해가 끊임없이 일어났는데, 이때 니치렌은 "그 원인은 내세의 구제를 주장하는 정토종을 널리 믿고 있기 때문이다. 이들 종파를 없애고, 바로 지금 우리가 살고 있는 이 세상에 이상의 세계를 실현하는 『법화경』을 믿어야 국가가 살아남을 수 있다"면서 가마쿠라막부를 종용했다. 그러나 타 종파를 심하게 비난한 니치렌은 오히려 막부로부터 탄압을 받았다. 13세기 몽골에서 온 국서가 전달되자 주변 일부 사람들은 니치렌의 예언이 적중했다고 생각했지만, 결과적으로 몽골이 일본을 멸망시키지 못했기 때문에 그의 예언은 적중하지 않았다. 하지만 니치렌은 몽골의 침략으로 희생당한 민중의 참상을 대변해 주었다.

니치렌이 살았던 13세기 후반은 몽골의 공격과 호죠 씨의 전제 정치가 펼쳐지던 시대였다. 불우한 하층 무사는 냉대를 받고 살았는데 그들은 그런 생활 속에서 내세보다는 현실의 문제에 적극적인 니치렌에게 쉽게 공감했다.

선종인 임제종은 가마쿠라막부와 무로마치막부의 보호를 받으면서 성장했다. 선종에는 도겐이 들여온 조동종도 있었다. 도겐은 "오로지 좌선을 통해 자신이 본래 가지고 있는 성불의 가능성을 깨달을 수 있으며 안락을 얻을 수 있다"고 주장했다.

12~13세기에 성립된 가마쿠라 신불교의 특징은 간단하고 알기 쉬우

며 실행하기 쉽다는 점이다. 신불교는 또한 일본에 평등사상의 싹을 키우고, 사회 구제 사업을 벌여 나갔다. 그리고 대사원이 아닌 작은 사원을 중심으로 교단을 만들어 나갔다. 특히 신란, 잇펜, 니치렌, 도겐 등은 정치 권력자들의 편에 서기보다는 일반 민중 편에 서서 수행에 힘썼다. 물론 가마쿠라 신불교 이전에 있었던 큰 불교 사원은 변함없이 넓은 영지와 강대한 권력과 전통적인 신불의 권위를 누리고 있었다.

참고문헌

1부 아주 오래된 이웃

1. 걸어서 일본열도까지 – 이경훈

• 국사편찬위원회, 『한국사』 2, 국사편찬위원회, 1997.
• 한국생활사박물관 편찬위원회, 『한국생활사박물관 1권 – 선사생활관』, 사계절출판사, 2000.
• 이건무 · 조현종 지음, 『선사유물과 유적』, 솔출판사, 2003.

2. 동아시아 사회를 변화시킨 벼농사 – 미쓰하시 히로오

• 小田富士雄 編, 『日韓交渉の考古學 – 彌生時代編(일한교류의 고고학 – 야요이 시대)』, 六興出版, 1991.
• 임효재 편, 『한국 고대 도작문화의 기원 – 김포의 고대미를 중심으로』, 학연문화사, 2000.
• 三橋廣夫, 『歷博ブックレット 歷史の授業を工夫する – 中學生の疑問を解決する歷史 民俗博物館の展示(역사 수업을 생각한다 – 중학생의 의문을 해결하는 역사민속박물관 의 전시)』, 財團法人歷史民俗博物館振興會, 2003.

3. 중국의 역사서로 보는 동아시아 – 가스야 마사카즈, 미야하라 다케오

• 石原道博 編譯, 『新訂 魏志倭人傳 他三篇(신정 위지왜인전 외 3편)』, 岩波書店, 1985.
• 武田幸男 編, 『新版世界各國史2 – 朝鮮史(신판세계각국사2 – 조선사)』, 山川出版社, 2000.
• 武田幸男 編, 『古代を考える – 日本と朝鮮(고대를 생각한다 – 일본과 조선)』, 吉川弘文館, 2005.

4. 고분으로 만나는 한국과 일본 – 박성기

- 장철수, 『옛 무덤의 사회사』, 웅진출판사, 1995.
- 전호태, 『벽화여 고구려를 말하라 』, 사계절출판사, 2004.
- 쯔데히로시, 『왕릉の고고학 』, 암파신서, 2000.
- 소학관, 『일본역사관 』, 1993.
- 권오영, 『고대 동아시아 문명교류사의 빛, 무령왕릉』, 돌베개, 2005.

5. 고대 한국과 일본의 불상 – 신병철

- 강우방, 『한국 불교 조각의 흐름』, 대원사, 1995.
- 黃壽永編 著, 『國寶2－金銅佛磨崖佛(국보2－금동불 마애불)』, 藝耕産業社, 1984.
- 최재석, 『고대한일불교관계사』, 일지사, 1998.
- 淸水眞證, 『佛像(불상)』, 平凡社, 1982.
- 진홍섭, 『한국의 불상』, 일지사, 1976.

6. 왜국으로 건너온 사람들 – 미야하라 다케오

- 平野邦雄, 『歸化人と古代國家(귀화인과 고대국가)』, 吉川弘文館, 1993.
- 和田萃, 「渡來人と日本文化(도래인과 일본문화)」, 『岩波講座－日本通史3(이와나미 강좌－일본통사3)』, 1994.
- 田中史生, 『倭國と渡來人(왜국과 도래인)』, 吉川弘文館, 2005.

7. 국제관계로 보는 『일본서기』 – 미야하라 다케오

- 村山正雄 編著, 『石上神宮七支刀銘文圖錄(석상 신궁 칠지도 명문 도록)』, 吉川弘文館, 1996.
- 三品彰英, 『日本書紀朝鮮關係記事考贈 上下(일본서기 조선관계 기사고증 상하)』, 天山社, 2002.
- 神野志隆光, 『「日本」とは何か(‘일본’이란 무엇인가)』, 講談社現代新書, 2005.

8. 『삼국사기』를 밝힌다 - 강태원

- 정구복, 『삼국사기의 현대적 이해』, 서울대학교출판부, 2004.
- 강종훈, 『신라 상고사 연구』, 서울대학교출판부, 2000.
- 이기백, 『한국사학의 방향』, 일조각, 1997.
- 이강래, 『삼국사기 전거론』, 민족사, 1996.

9. 중국을 둘러싼 고대 동아시아 - 박범희

- 이이화, 『한국사 이야기 2권-고구려 백제 신라와 가야를 찾아서』, 한길사, 1998.
- 이성시, 『동아시아의 왕권과 교역』, 청년사, 1999.
- 요시노 마코토, 한철호 역, 『동아시아 속의 한일 2천 년사』, 책과함께, 2005.

10. '왜국'에서 '일본'으로 - 미야하라 다케오

- 西嶋定生, 『中國古代國家と東アジア世界(중국고대국가와 동아시아 세계)』, 東京大學出版會, 1983.
- 西嶋定生, 『日本歷史の國際環境(일본 역사의 국제 환경)』, 東京大學出版會, 1985.
- 大町 健, 「東アジアのなかの日本律令國家(동아시아 속의 일본 율령 국가)」, 『日本史講座2 (일본사 강좌2)』, 東京大學出版會, 2004.
- 武田幸男 編, 『古代を考える-日本と朝鮮(고대를 생각한다-일본과 조선)』, 吉川弘文館, 2005.

2부 동아시아 변동의 시대

11. 무신이 지배한 고려 - 한기모

- 한국중세사학회 편, 『고려시대사 강의』, 늘함께, 1997.
- 이승한, 『고려무인이야기』1·2·3·4, 푸른역사, 2001~2006.
- 국사편찬위원회, 『한국사』18, 국사편찬위원회, 1993.
- 조선유적유물도감 편찬위원회, 『북한의 문화재와 문화유적』Ⅳ, 서울대학교출판부, 2000.

• 한국교원대학교 역사교육과,『아틀라스 한국사』, 사계절출판사, 2004.
• 임동권 · 정형호,『한국의 마상무예』, 한국마사회 마사박물관, 1997.

12. 무사가 지배한 일본 – 호리구치 히로시

• 今谷明,『武家と天皇－王權をめぐる相克(무가와 천황－왕권을 둘러싼 상극)』, 岩波新
　　　　書新赤版286, 1993.
• 五味文彦,『武士の時代(무사의 시대)』, 岩波ジュニア新書, 2000.
• 高橋昌明,「東アジアの武人政權(동아시아의 무인 정권)」,『日本史講座3(일본사강좌3)』,
　　　　東京大學出版會, 2004.

13. 고려인이 본 몽골제국과 세계 – 김육훈

• 이이화,『한국사 이야기 7권－몽골의 침략과 30년 항쟁』, 한길사, 1999.
• 박종기 외,「원간섭기 유교지식인의 사상적 지형」,『역사와 현실』49, 2003.
• 임형택,「고려말 문인 지식층의 동인의식과 문명의식」,『실사구시의 한국학』, 창작과
　　　　비평사, 2000.

14. 동아시아 속의 몽골 – 시노즈카 아키히코

• 杉山正明 · 北川誠一,『世界の歷史9－大モンゴルの時代(세계의 역사9－대몽골의 시
　　　　대)』, 中央公論社, 1997.
• 陳高華,『元の大都―マルコ · ポーロ時代の北京(원의 대도－마르코 폴로 시대의 북
　　　　경)』, 中公新書, 1984.
• 近藤成一 編,『日本の時代史9－モンゴルの襲擊(일본의 시대사9－몽골의 침략)』, 吉川
　　　　弘文館, 2003.
• 佐伯弘次,『日本の中世9－モンゴル襲擊の衝擊(일본의 중세9－몽골의 침략의 충격)』,
　　　　中央公論新社, 2003.

15. 고려를 침략한 왜구 – 문주영

• 이이화,『한국사 이야기 8권－개혁의 실패와 역성혁명』, 한길사, 1999.
• 한일관계사학회,『한국과 일본, 왜곡과 콤플렉스의 역사』, 자작나무, 1998.

- 윤성익, 「21세기 동아시아 국민국가 속에서의 왜구상」, 『일청사연구』23, 2005.
- 김보한, 「일본사에서 본 왜구의 발생과 소멸과정」, 『문화사학』22, 2005.

16. 왜구와 동아시아 – 도리야마 다케오

- 田中健夫, 『倭寇－海の歷史(왜구－바다의 역사)』, 敎育社歷史新書, 1982.
- 村井章介, 『中世倭人傳(중세왜인전)』, 岩波新書, 1993.
- 荒野泰典·石井正敏·村井章介 編, 『アジアの中の日本史Ⅲ－海上の道(아시아 속의 일본사Ⅲ－해상의 길)』, 東京大學出版會, 1992.

17. 불교의 나라 고려 – 전병철

- 여익구, 『민중불교입문』, 풀빛, 1985.
- 한국정신문화연구원, 『민족문화대백과사전』, 웅진출판(주), 1991.
- 한국생활사박물관편찬위원회, 『한국생활사박물관 7권－고려생활관1』, 사계절출판사, 2002.

18. 가마쿠라 신불교 – 호리구치 히로시

- 『週刊朝日百科－日本の歷史(주간 아사히 백과 일본의 역사)』, 第7號「鎌倉佛敎」, 第18號「庭」, 朝日新聞社, 2002.
- 大久保良峻ほか 編, 『日本佛敎34の鍵(일본 불교 34개의 열쇠)』, 2003, 春秋社.
- 田中治郎, 『面白いほどよくわかる日本の宗敎(재미있는 만큼 잘 알 수 있는 일본 종교)』, 日本文芸社, 2005.

찾아보기

한일공동역사교재 편찬위원회

편집위원

한국 | 이인석(경기여자고등학교), 양정현(부산대학교 역사교육과), 최종순(도봉초등학교),
최현삼(중앙고등학교)

일본 | 미쓰하시 히로오(하나조노 중학교), 가스야 마사카즈(이바라키 대학),
히라노 노보루(치시로다이 히가시 소학교)

집필

한국 | 이경훈(삼척 임원중학교), 박성기(하남고등학교), 신병철(여의도여자고등학교), 강태원(대구
과학고등학교), 박범희(중앙고등학교), 한기모(구일고등학교), 김육훈(태릉고등학교), 문주
영(신도봉중학교), 전병철(조치원고등학교), 정행렬(도봉고등학교), 배성호(서울당산초등학
교), 박중현(양재고등학교), 빈수민(학남고등학교), 이인석(경기여자고등학교), 최종순(도봉
초등학교), 최현삼(중앙고등학교), 양정현(부산대학교 역사교육과)

일본 | 미쓰하시 히로오(하나조노 중학교), 가스야 마사카즈(이바라키 대학), 미야하라 다케오
(전 치바 대학), 호리구치 히로시(카와고에 미나미 고등학교), 시노즈카 아키히코(쓰크바
대학 부속중고등학교), 도리야마 다케오(아오야마 대학), 고마쓰 카쓰미(카와고에 여자고등
학교), 이바라키 사토시(조에쓰 교육대학), 우메자와 카즈오(치바 여자고등학교), 히라노
노보루(치시로다이 히가시 소학교), 우오야마 슈스케(테이쿄 고등학교)

번역 및 검토

한국 | 최종순(도봉초등학교), 박성기(하남고등학교), 연민수(한일관계사학회 회장),
서각수(서울예술고등학교), 현명철(경기고등학교)

일본 | 미쓰하시 히로오(하나조노 중학교), 히라노 노보루(치시로다이 히가시 소학교),
가스야 마사카즈(이바라키 대학), 오오즈 겐코(일한역사교육자교류위원)

자료 제공 및 출처

1장 | 자료 2 서울대학교 박물관, 자료 3-① 충북대학교 박물관, 자료 7-① 국립중앙박물관, 자료 7-② 『조선유적유물도감』, 자료 7-③ 국립중앙박물관, 자료 9 서울대학교 박물관

2장 | 자료 1 국립중앙박물관, 자료 3 『한국생활사박물관 2권-고조선생활관』 참조, 자료 7 사가 현 교육위원회

3장 | 자료 1 후쿠오카 시립 박물관

4장 | 자료 1 『아! 그렇구나 우리 역사』 3, 자료 2 신병철, 자료 4~6 『고대 동아시아 문명교류사의 빛, 무령왕릉』 참조, 자료 14 국립공주박물관, 자료 15 군마 현립역사박물관, 자료 16 국립경주박물관, 자료 17 국립중앙박물관, 자료 18 도쿄 국립박물관

5장 | 자료 2 샌프란시스코 아시아 박물관, 자료 3 국립부여박물관, 자료 4 국립중앙박물관, 자료 5 뉴욕 메트로폴리탄 박물관, 자료 8 손승현, 자료 11 국립공주박물관, 자료 12 국립중앙박물관

7장 | 자료 1 『일본고전문학대계』

8장 | 자료 1~4 『원본삼국사기』 참조, 자료 5 『아! 그렇구나 우리 역사』 4, 자료 6 『풍납토성』

9장 | 자료 7 『한국생활사박물관 3권-고구려생활관』, 자료 8 손승현, 자료 9 『아! 그렇구나 우리 역사』 5

11장 | 자료 3 『아틀라스 한국사』 참조, 자료 5 『무예도보통지』, 자료 6 『북한의 문화재와 문화 유적』(고려시대)

12장 | 자료 1 고카와데라(粉川寺), 자료 3 도쿄 국립박물관, 자료 4 도쿄 국립박물관

13장 | 자료 1 손승현, 자료 4~5 국립중앙박물관, 자료 6 『북한의 문화재와 문화 유적』(조선시대 Ⅰ. 건물편)

14장 | 자료 2 『동아시아 속의 한일 2천 년사』 참조, 자료 4 국립중앙박물관

16장 | 자료 2 『아틀라스 한국사』 참조, 자료 3 도쿄대학 사료편찬소

17장 | 자료 1 지중근, 자료 2~3 김성철, 자료 7 『한국민족문화대백과사전』

18장 | 자료 1 죠공인(淨嚴院), 자료 2 뵤도인(平等院), 자료 4 도쿄 국립박물관

화해와 공존을 위한 첫걸음

마주 보는 한일사 I

2006년 8월 10일 1판 1쇄
2007년 2월 10일 1판 2쇄

지은이 | 전국역사교사모임(한국) · 역사교육자협의회(일본)

편집 | 강창훈
디자인 | design Vita
제작 | 박흥기
마케팅 | 이병규, 최창호
홈페이지 관리 | 최영미

출력 | 한국커뮤니케이션
인쇄 | 코리아피앤피
제책 | 창림P&B

펴낸이 | 강맑실
펴낸곳 | (주)사계절출판사
주소 | (413-756) 경기도 파주시 교하읍 문발리 파주출판도시 513-3
등록 | 제 406-2003-034호
전화 | 031)955-8588, 8558
전송 | 마케팅부 031)955-8595 편집부 031)955-8596
홈페이지 | www.sakyejul.co.kr
전자우편 | skj@sakyejul.co.kr

ISBN 978-89-5828-185-6 03910